Negociación para el comercio internacional

Cristina Peña Andrés

Con la colaboración de:

Cadena de suministro

www.logisnet.com

*A mis padres, por enseñarme la importancia del esfuerzo,
de las relaciones humanas y del compromiso*

Índice

La autora. 9

Introducción 11

Capítulo 1
La importancia de la negociación 15

Capítulo 2
La negociación en escenarios internacionales. 17

Capítulo 3
La comunicación. 20

Capítulo 4
El objeto de la negociación 30
1   Elementos negociables del producto 30
2   Elementos negociables en la distribución 31
3   Estrategias para nuevos clientes 32

Capítulo 5
Modelos de negociación 34
1   Negociación por toma de posiciones. 34

2   Negociación por intereses.   38

3   Negociación dramática   41

Capítulo 6

Actitudes para afrontar una negociación   43

1   Actitud competitiva.   43

2   Actitud colaborativa   44

3   Actitud emotiva.   45

Capítulo 7

Negociación *win-win* o método Harvard   47

Capítulo 8

Dimensión personal de la negociación   54

1   Honestidad.   55

2   Colaboración   56

3   Prudencia   57

4   Madurez   57

5   Inteligencia competitiva   57

Capítulo 9

Dimensión cultural de la negociación   60

1   Jerarquía.   60

2   Toma de decisiones   61

3   Rol de género.   61

4   Control de imprevistos   62

5   Tiempo   64

6   Entorno emotivo   65

7   Comunicación   66

Capítulo 10

El negociador ideal. 67

1 Tácticas que puede emplear el negociador 68

2 Cualidades 69

3 Retos del negociador. 71

4 Asertividad 72

Capítulo 11

Fases previas a la negociación 74

1 Pensar la estrategia 76

2 Conocer el protocolo. 76

3 Planificar el proceso negociador 79

4 Técnica MAPAN 81

Capítulo 12

Etapas del proceso negociador. 84

1 El contacto. 84

2 La preparación. 90

3 El encuentro 94

4 La propuesta 96

5 Conflicto de intereses 100

6 El cierre 103

Capítulo 13

Empatía internacional. 106

1 Escucha activa. 107

2 Verbalización y diálogo. 108

3 Diplomacia 109

Capítulo 14

Negociación específica para cada cultura y mercado . . 111

1 Cultura anglosajona 113

2 Cultura asiática 115

3 Cultura latina. 117

4 Cultura árabe. 119

5 Ejemplos prácticos en Estados Unidos y Japón 121

Capítulo 15

Tecnologías de la información y la comunicación (TIC). . 123

1 Internet y redes sociales 123

2 Plataformas de comunicación y entornos
   colaborativos 124

3 Otras herramientas 125

4 Recomendaciones para el uso de las TIC. 125

Capítulo 16

**Elementos clave para la negociación y errores
recurrentes** 128

Agradecimientos 131

La autora

Cristina Peña Andrés (Madrid, 1977), es ingeniero superior industrial por la Universidad Politécnica de Madrid. Cuenta con un MBA Internacional por la Universidad del Escorial (Real Centro Universitario Escorial - María Cristina), y con diferentes cursos universitarios y diplomas relacionados con el comercio exterior y la dirección de empresas.

Actualmente es directora sénior en una posición vinculada al comercio exterior, y a la logística y el transporte internacional en una multinacional del sector de la construcción que exporta a todos los continentes.

Al mismo tiempo es profesora de la Fundación ICIL, un referente en formación logística. Ha impartido numerosos cursos a profesionales, ha dictado ponencias en seminarios y ha colaborado en revistas sectoriales.

Es coautora del libro *Crédito documentario. Guía para el éxito en su gestión*, editado por Marge Books en 2015. A esta primera edición, le siguió una segunda en el mismo año, donde se incluyó un caso práctico desarrollado por completo.

Es autora del libro *Manual de transporte para el comercio internacional. Selección y gestión de transporte para la exportación*, editado por Marge Books en 2016, así como

de su anexo relativo a las nuevas enmiendas al Convenio
SOLAS.

Este manual es la recopilación sencilla, didáctica y cercana
de sus casi quince años dedicados al transporte internacional
y a la gestión de la exportación.

Introducción

En la vida, como afirmó el psicólogo austriaco Paul Waltzlawick, no conseguimos lo que merecemos sino lo que negociamos. La negociación es una actividad que nos puede ayudar a escalar posiciones en cuestión de minutos. Puede ser una herramienta mucho más potente que el trabajo diario en espera de un retorno positivo.

Llevo muchos años desarrollando mi actividad profesional en el marco internacional, y he visto cómo es de consistente un trabajo bien hecho para fraguar relaciones a largo plazo. Un buen servicio al cliente, un buen producto y una gestión impecable son la clave para generar fidelidad y relaciones duraderas. Pero es en la negociación donde se inician dichas relaciones, de ella se derivan los términos de la relación contractual, se establecen escenarios colaborativos y los criterios económicos. Por lo tanto, no prestar atención a la negociación es trabajar por un cheque en blanco. Pongamos cifras al cheque, y trabajemos duro sin sorpresas, con una evaluación de riesgos digna de empresas con una visión global.

En el comercio internacional hay que conocer, analizar, cuantificar y controlar los riesgos de las actividades. Para ello, hay medios de pago eficaces como los créditos documentarios, los seguros de transporte, de cobro o de cambio de divisas, entre otros recursos. Sin embargo, los riesgos de la negociación no están cubiertos. No existen seguros de negociación cuando, precisamente, estamos continuamente expuestos a sus consecuencias de manera irremediable durante una relación contractual. Por este motivo, es sumamente importante profesionalizar a quienes negocian, formarlos en comercio exterior, trabajar de la mano con profesionales del derecho y del transporte internacional, con entidades financieras, buscar el asesoramiento de las instituciones que puedan poner a su alcance herramientas para conocer, prospectar, contrastar y aprender. Un contrato mal negociado puede ser la perdición para una empresa a pesar de su buen hacer.

En mi actividad profesional, siempre en contacto con el cliente internacional y dirigiendo departamentos de exportación, comercio internacional, administración de ventas internacionales y logística, he tenido que negociar con personas de todos los continentes. He aprendido de las diferentes culturas, escenarios y tipos de negociación. Se puede negociar una venta de producto, una distribución continuada, las fechas de entrega del producto, la compartición de gastos para el estudio de nuevos productos, la mejora de estos o el desarrollo de la imagen de marca, entre otros muchos elementos.

Hay que aprovechar las oportunidades de negociación, para lo que es necesario haber realizado una simulación previa. Es decir, conviene preparar la reunión con una planificación determinada, disponer de un claro análisis interno o del DAFO propio (debilidades, fortalezas, amenazas y oportunidades), tener claros los objetivos que se desean alcanzar y haber estudiado el escandallo de costos, por ejemplo. En definitiva, tenemos que ser dueños de nuestro destino, sabiendo hacia dónde ir y las consecuencias que tendrá cada paso.

En una negociación se consiguen los acuerdos que marcarán la sostenibilidad de la empresa. Lo que se negocia genera automáticamente un marco de rentabilidad que la acompañará hasta una nueva negociación. Si no hay fecha acordada de revisión, esta negociación puede que no llegue nunca, con consecuencias negativas en la cuenta de resultados de la empresa o de un cliente perdido.

Esta guía es un compendio de mi experiencia internacional. Es una guía ejecutiva con consejos prácticos para alcanzar el éxito en la negociación. Espero que encontréis esta recopilación sencilla, fácil y didáctica, pero sobre todo útil e inspiradora.

Capítulo 1
La importancia de la negociación

Negociar es poner en común propuestas para llegar a un acuerdo o un pacto por medio del diálogo.

La negociación no entiende de idiomas, ni de edades o escenarios. La negociación está en casi todas las relaciones personales. Se negocia en las familias, en las parejas, en los grupos de amigos, en las asociaciones, en las empresas, en los gobiernos e instituciones y entre países.

Facultades como la persuasión o la asertividad producen resultados positivos, pero también la creatividad, la flexibilidad, la empatía y la capacidad de análisis y de visión global. Estas facultades son especialmente claves en las negociaciones internacionales donde, al ser distintos los idiomas nativos y optar por utilizar un idioma internacional común, que suele ser el inglés, pueden existir diferencias significativas en el dominio del idioma en el que se negocie.

La persuasión alude a la capacidad de conseguir, a través de la argumentación, que una persona actúe y piense en una determinada dirección. Esto obviamente ayuda a alinear objetivos, a convencer de la visión propia y a generar un criterio común.

La asertividad conduce a decir las palabras adecuadas en la forma y el momento oportunos. Es una transmisión correcta de la información, con aplomo, seguridad y claridad, lo que fomenta la confianza que puede generar el mensaje y la propia persona que negocia.

Para alcanzar un umbral satisfactorio de resultados, una correcta preparación marcará los límites de la negociación, por lo que todo el trabajo previo es una inversión de futuro.

La negociación es un proceso que necesita de un tiempo determinado. En ese proceso, es bueno ser metódico a la hora de estructurar los puntos que se van a negociar, comparar las alternativas posibles y estimar los resultados potenciales, además de ser imaginativo para medir las consecuencias, y trasversal al relacionar la negociación de un área específica con su implicación en otras actividades de la empresa.

Para el éxito en una negociación se requieren personas resolutivas, flexibles, creativas, que puedan improvisar soluciones nuevas y beneficiosas, porque lo más duro de la negociación es cuando las partes que participan se estancan, no se ponen de acuerdo, buscan objetivos aparentemente opuestos, y sus expectativas no terminan de encajar.

Se dice que es mejor un mal acuerdo que no acordar nada. Pero esto no es así. Un mal acuerdo puede hundir a las partes negociadoras. Sin embargo, aunque al final no haya acuerdo, aún pueden existir alternativas satisfactorias, que permitan un avance más lento pero confortable. Dependerá de la situación, pero para decidir incluso esto, hace falta madurez personal y profesional, y sobre todo un alto grado de responsabilidad para con todos aquellos a los que arrastramos con nuestras decisiones.

Capítulo 2
La negociación
en escenarios internacionales

Hoy en día se negocia entre gobiernos, empresas y otros agentes que la globalización de la economía ha acercado y a veces puesto en contacto por primera vez.

En ese marco, se ha producido una transformación de la economía industrial a la economía del conocimiento: el cliente actual ya no es masivo, poco informado e inexperto, sino altamente cualificado, exigente y conocedor de lo que necesita. Hay mayor acceso a la información y más facilidad para contrastar ofertas a escala mundial, lo que ha implicado una reducción de los márgenes comerciales y ha hecho primar otro tipo de diferenciación en los productos o servicios, por encima de su concreción física. Hay un mercado nuevo basado en la personalización de la oferta y la orientación hacia el servicio creando propuestas de valor.

Además de las exportaciones e importaciones tradicionales, también se han multiplicado los acuerdos entre sociedades para crear alianzas estratégicas o comerciales, financiaciones conjuntas de proyectos (incluso las altruistas como el *crowdfunding)*, subcontrataciones para trabajos específicos, licencias de fabricación o de uso de tecnología, etc.

La tendencia ya no es solo optimizar el precio sino incrementar el valor a través de mejoras en la calidad, la utilidad y el servicio.

El precio obviamente es importante, pero ahora es clave generar buenas experiencias de uso, incluso experiencias especiales, desmarcadas de la tradición. De ahí el notable desarrollo de la domótica y la ergonomía. Todo tiende a ser de uso intuitivo, como los *softwares*. Por este motivo han triunfado algunos sistemas operativos, los sistemas de gestión corporativa o los teléfonos inteligentes. Esto es extrapolable a la propia relación comercial. Hay un valor añadido en la seguridad que se genera en el receptor, sea por el servicio postventa o por la garantía de calidad y fiabilidad como marca. De este concepto de seguridad se derivan las certificaciones, inspecciones y fórmulas de pago garantizadas (cartas de crédito u otros medios documentarios).

Para equilibrar los intereses de los clientes (sean especificaciones, cantidades, calidades u otros atributos) con la oferta del mercado (precio, suministro, homologaciones, limitaciones físicas, etc.), es importante ser capaces de negociar y atender a sus necesidades concretas. No es necesario promover una mejora en un producto, generando un costo añadido, si el cliente está satisfecho con el actual. Es preferible escuchar al cliente y adaptar la oferta a su demanda concreta. Esto se puede conseguir mediante un proceso de negociación sencillo, con una operativa sistemática, a través, por ejemplo, de un buen formato de solicitud de oferta.

La negociación favorece las relaciones de colaboración, tanto entre socios puntuales como con aliados estratégicos. La razón es que si las negociaciones son honestas y transparentes crearán un clima de trabajo conjunto y de mutua confianza. El intercambio de información asentará las bases de trabajo para una relación duradera y de fidelización. Gracias a la negociación, se asegura el suministro, se genera compromiso entre las partes, se colabora desde la fase de diseño, compartiendo tecnología y aplicaciones, así como riesgos y oportunidades, y desarrollando en común un ciclo de mejora continua.

En el comercio exterior es necesario acordar los términos de las relaciones contractuales, además de generar diferentes escenarios comerciales, definir las reglas explícitas de trabajo, los modos de actuación y el tipo de colaboración, evitando los malentendidos y concretando el alcance y la responsabilidad de los agentes que intervienen.

El modo de actuación en las relaciones contractuales viene determinado por los usos y las costumbres locales. Por ello, en un escenario internacional hay que comprender qué dinámica de trabajo predomina y explicitarla para poder establecer el acuerdo según unos criterios que puedan ser asumidos por todas las partes.

Conviene detallar con seguridad lo que se deriva de los acuerdos alcanzados, ya que el silencio es un obstáculo para alcanzar un buen entendimiento y puede llevar a interpretaciones incorrectas de los pactos.

Capítulo 3

La comunicación

La comunicación es la herramienta principal en las negociaciones, ya que permite el intercambio de información; la puesta en común de ideas, propuestas y ofertas, abriendo un espacio de diálogo para discutirlas; y sobre todo, hace posible alcanzar acuerdos.

Si la negociación se da en un escenario internacional, no solo basta con tener fluidez en el idioma, sino que son clave otras competencias que prueben el conocimiento de que se dispone, la voluntad de acuerdo, la actitud ante la negociación, la conciencia sobre valores propios y límites admisibles, o la emoción puesta en el proyecto, producto o servicio que se desea comprar, vender o compartir.

Quien negocie en un entorno internacional ha de tener sensibilidad para respetar y valorar otras culturas, atender a las necesidades del interlocutor, comprender su punto de vista, su ética, sus costumbres, y evitar así prejuicios.

La interculturalidad es una cualidad que se alcanza al entrar en contacto con otras culturas, después de conocerlas y establecer un diálogo. Conocerlas significa saber cómo es su organización económica y la distribución de la riqueza, cuáles son sus costumbres, sus creencias y su gobierno y cómo son sus relaciones familiares. Esta comprensión favorecerá el acuerdo y reducirá los enfrentamientos, ya que conocer al otro es la mejor forma de entender sus aspiraciones y necesidades.

Con la interculturalidad se consigue la integración desde la base del reconocimiento de las diferencias, la comprensión de las mismas, señalando los puntos de comunión.

Aunque Europa occidental ha creado en el último siglo un concepto de bienestar basado en un modelo económico y político, impulsando la globalización cultural con el inglés como idioma vehicular y expandiendo este modelo a través de los medios de comunicación de masas, hay que tener en cuenta que existen otros modelos de igual valor.

Uno de los obstáculos que se acostumbra a encontrar en el comercio internacional es el etnocentrismo. Este se basa en el desconocimiento de otras culturas y la creación de estereotipos que generan prejuicios, malentendidos y, sobre todo, desconfianza. Cuando se negocia, es necesario disponer de una actitud conciliadora, abierta y confiada; de lo contrario solo se pactarán acuerdos rápidos que no consolidarán nunca relaciones a largo plazo. En lugar de generar vínculos duraderos, las relaciones serán simples nexos basados en necesidades puntuales que generarán sentimientos de peligro y engaño. Si este es el tipo de relación que se establece, cualquier situación inestable puede derivar en conflicto ante el menor indicio de no entendimiento. En este entorno, resulta difícil generar un clima colaborativo, así como influir en las expectativas de la otra parte.

En el comercio internacional hay que adaptar el tipo de comunicación en función del interlocutor y del mercado donde se negocie: no siempre es correcto ser muy directo, rápido y breve, ni tampoco excesivamente educado y andarse con rodeos. También hay que atender al grado de formalidad que requiere la otra parte, y determinar si se puede recurrir a aspectos emotivos o es mejor centrarse únicamente en lo racional. Cada cultura requiere un enfoque diferente. La forma de negociar en los grupos de consenso o en grupos más independientes puede ayudar a hacerse una idea de cómo hay que persuadir a los interlocutores; bien en grupo, porque su sistema jerárquico les obligue a cierto alineamiento, o bien de manera individual, porque puedan discrepar entre ellos.

En cualquier caso, es imprescindible disponer de ciertas **habilidades comunicativas,** como la empatía, la escucha activa, la asertividad y conocer el lenguaje no verbal.

Este tipo de lenguaje suele estar infravalorado. Sin embargo, hay que tener en cuenta su importancia, ya que en muchas ocasiones puede manifestar más que las palabras o completar el sentido de las mismas. Este es un aspecto que no hay que descuidar nunca.

Controlar el lenguaje no verbal no es tarea fácil, ya que se lleva a cabo de manera inconsciente. Adicionalmente, los mensajes no verbales son muy potentes ya que el receptor no se percata de ello, e interioriza el mensaje de manera automática, generando a su vez respuestas incontroladas. El lenguaje no verbal evidencia las emociones de los interlocutores y el control que poseen sobre las mismas.

En una partida de póker es crucial medir los gestos, las expresiones y el tono. En las negociaciones ocurre lo mismo. No se debe ofrecer más información de la necesaria. En el caso del póker, conocerse a uno mismo y al oponente es la forma más segura de ganar la partida. Del mismo modo, en las negociaciones se alcanzará el éxito con mayor presteza si se aprende a leer el lenguaje no verbal.

Existen también unas **pautas comunicativas** que ayudarán a acercarse más al interlocutor, especialmente si es de otra nacionalidad:

- **La voz y el tono**

  Hablar pausada y relajadamente muestra a la otra parte que se está tranquilo y cómodo. El nerviosismo se reconoce rápidamente, y se transmite con facilidad. Es imprescindible que las frases sean audibles, para evitar que pidan que elevemos la voz, o que digan que no han entendido la última frase, debido al tono bajo o apagado. No es recomendable mostrar un excesivo entusiasmo, pero sí emplear frases claras, sencillas, breves y que puedan visualizarse fácilmente, o que incluso se puedan reforzar con ejemplos, fotografías, dibujos, esquemas y gestos de apoyo. El soporte gráfico enriquece el mensaje y es muy útil si el conocimiento del idioma común es escaso o inferior en alguna de las partes.

- **El idioma**

  Es muy útil conocer diversos idiomas, ya que cuantos más se conozcan más accesible y completa será la comunicación con un mayor número de personas. Sin embargo, un conocimiento limitado del otro idioma no impide la comunicación, que puede llegar a ser suficiente. Lo importante es conocer las palabras clave. En casos extremos, se pueden escribir cifras en un papel para evitar malentendidos. Es recomendable ajustar el discurso y reducir el vocabulario, empleando palabras precisas y expresiones internacionales para adaptase al interlocutor con menor dominio del idioma. En cualquier caso, para asegurar que se ha entendido correctamente el mensaje, no hay que dudar en hacer tantas preguntas de verificación como sean

Gracias a dominar varios idiomas, como el inglés, el francés y el italiano, he podido cubrir la comunicación con clientes de todos los continentes. Sin embargo, cuando en 2006 asistí a la feria internacional ISK SODEX en Turquía, el Instituto de Comercio Exterior contrató un traductor español-turco para el conjunto de expositores que formábamos el pabellón español. Al principio traté de defenderme con mis conocimientos y no recurrir al traductor, pero hubo muchos visitantes que únicamente hablaban turco, e insistían en comunicarse conmigo en dicho idioma, por lo que finalmente cedí y solicité los servicios del traductor.

Algunos de los mensajes eran difíciles de interpretar para alguien no versado en aire acondicionado y ventilación, debido al alto contenido técnico. Además, suspicazmente recordaba aquel necesarias o pedir que se repita una frase. Hay que evitar aceptar propuestas que no se hayan entendido por miedo a interrumpir un discurso. Es mejor decir abiertamente que no se está siguiendo la argumentación o propuesta. Obviamente, no se debe interrumpir de manera constante y por eso es de suma importancia conocer el idioma de negociación tanto como sea posible.

Una forma sutil de comprobar si se ha entendido correctamente la propuesta es reformularla, de manera que sea el interlocutor el que juzgue si eso era exactamente lo que intentaba expresar.

adagio latino que dice «traidor el traductor». Rápidamente descubrí que ninguno de los visitantes era mi cliente objetivo. La razón es que buscaba importadores, fabricantes importantes, o distribuidores con capacidad de cubrir Turquía y territorios limítrofes. Cualquier empresa que cumpliera el perfil debía disponer de alguien en su organización que dominara el inglés, ya que los compradores lo requerirían.

Cuando una empresa contrata los servicios de un traductor para una negociación, debe plantearse si solo necesitará este servicio para un encuentro puntual (en cuyo caso es interesante contratar a alguien especializado en la temática que se va a abordar), o si lo requerirá con asiduidad para cubrir una relación comercial duradera. Si se trata de largo plazo, hay que encontrar soluciones que permitan la máxima eficiencia comunicativa.

- **Cortesía**

  Existen normas de cortesía que, por lo general, es recomendable adoptar, como no solaparse al hablar o esperar a que finalice el turno de intervención de la otra parte. Hay que evitar titubeos, reiteraciones y subidas de tono.

- **Estilo**

  Hay elementos de estilo empleados en el idioma propio que pueden jugar un papel clave en la forma de transmitir el mensaje, influyendo de este modo en el oyente. Sin embargo, en el comercio internacional acostumbran a tener un impacto negativo, ya que perjudica la comprensión del mensaje y la actitud del receptor. Algunos de estos elementos son el uso de partículas negativas, de la voz pasiva o de términos difusos (quizá, tal vez, aparentemente, etc.), ironías, juegos de palabras, jerga o siglas que pudieran no ser ampliamente reconocidas.

  Estructurar correctamente la información que se desea transmitir, teniendo en cuenta el orden y la claridad en los bloques de información, el planteamiento de objetivos por ambas partes y el trazado del plan de acción que se desea ejecutar, permitirá que todos entiendan correctamente las propuestas y sean activos en la negociación.

  En función del grado de confianza, es recomendable evitar el tuteo. Si es posible, se deberían emplear formas impersonales o un plural mayestático. Esto alivia la carga apuntada hacia el interlocutor y se profesionaliza el comentario, extrapolándolo a una dimensión global y no centrándolo en una persona concreta.

- **El habla y el silencio**

  Así como en las negociaciones es imprescindible participar y hacerse entender, hablar de más es contraproducente. Es necesario saber cuándo hablar y cuándo callar. El uso del silencio ayuda a jugar con los tiempos. El silencio es crucial si se emplea estratégicamente: para dejar espacio al interlocutor y que ofrezca más información, para encontrar consenso o apoyo, o para dejar tiempo para que se asimile el discurso.

- **El control**

  Controlar el ritmo, la entonación, el volumen, las pausas, las preguntas y el orden de intervención, influirá en la respuesta del receptor. Si se comenta un tema en cualquier momento de la conversación, es muy probable que tarde o temprano el interlocutor lo recupere. Es importante tomar conciencia de la capacidad de influencia a través de los mensajes, para poder reorientarlos y llevarlos por el camino deseado.

Por último, es necesario conocer los **elementos básicos comunicativos:**

- **Argumentación**

  Argumentar es la clave para persuadir y convencer. Si se hace con seguridad, fomentará una escucha más atenta. Es muy importante tener confianza en uno mismo, y sentirse competente en la materia, porque nuestra voz delatará el grado de habilidad y experiencia. La vocalización, el ritmo, la postura corporal y la mirada contribuirán a transmitir un mensaje más atractivo, por lo que se puede ensayar previamente para consolidar una buena puesta en escena.

- **Exposición**

  Es imprescindible elaborar un discurso que permita expresar las opiniones y defender con firmeza el punto de vista propio. No obstante, esto no significa que se deba ser agresivo, ni tampoco que sea correcto poner tanto énfasis que se eludan las opiniones ajenas, sino que seamos capaces de exponer nuestra posición de manera eficaz, permitiendo a la otra parte exponer también sus puntos de vista. Lo ideal es ser firme en lo esencial y flexible en lo particular.

- **Imitación**

  Intentar acercarse de un modo más personal al interlocutor es una buena oportunidad para crear vínculos. Establecer relaciones personales basadas en la confianza mutua, permitirá cooperar en el futuro. Una manera de conseguir este acercamiento es imitar su forma de hablar o de actuar. La imitación es la manera más evidente de crear un punto de conexión y fomentar la empatía. Como dice el refranero popular: «Allí donde fueres, haz lo que vieres».

- **Preguntas**

  Hacer preguntas puede ayudar a conducir la negociación, ya que permiten progresar en los temas cuando se atascan, aliviando los ánimos al acudir al origen de los puntos de desacuerdo en busca de análisis y de soluciones. Al preguntar se muestra interés, se saca al otro de la zona de confort, se le hace ver nuevas posibilidades, se plantean nuevas soluciones y se regeneran los puntos de vista. Las preguntas son un elemento clave para el buen entendimiento.

Capítulo 4
El objeto de la negociación

Hay varios aspectos sobre los que es imprescindible debatir en una negociación. Estos aspectos, que atañen al objeto de negociación, son muy variados e implican diversos factores. El que más preocupa acostumbra a ser el precio, que en general es un elemento clave. Sin embargo, no es el único aspecto relevante, sino que hay que prestar atención a otras características del objeto de la negociación y acordar la mejor opción.

1 Elementos negociables del producto

Los elementos sobre los que se puede negociar con relación al producto son principalmente:

- **Tipo:** gama, materiales, calidades, composición, origen de los componentes.
- **Distribución:** cantidades mínimas, lotes de pedido, tipo de embalaje, etiquetado.
- **Condiciones de entrega:** regla Incoterms según el transporte y el seguro acordados.

- **Aseguramiento de suministro:** *stocks* de seguridad, tiempo de reposición, años garantizados de existencia de repuestos.
- **Plazo de entrega:** tiempos de espera asociados, penalizaciones por retraso.
- **Sistema de pedido:** abastecimiento justo a tiempo *(just in time)* o cubierto por *stock* de almacén.
- **Garantías:** definición de coberturas, duración de las mismas, posibilidad de extensión a un mayor número de años.
- **Medios de pago:** por transferencia, carta de crédito, remesa, cheque, pagaré.
- **Plazos de pago:** por adelantado, diferido o mixto.
- **Apoyo al *marketing:*** asistencia a ferias, catálogos, vídeos, elementos promocionales, muestras.

2   Elementos negociables en la distribución

Cuando se trata de establecer los pactos de un contrato de distribución comercial, hay otros puntos negociables, como son:

- Objetivos de ventas.
- Gamas permitidas.
- Distribución de responsables de áreas geográficas.
- Exclusividades: delimitaciones de áreas, productos, sectores, mercados o clientes.
- Descuentos por unidad o por cantidades *(rappels)*.

- Pactos de no competencia.
- Finalización de contrato.

3   Estrategias para nuevos clientes

Al negociar y entregar una lista de precios a un nuevo cliente, hay que pensar en la posición que queremos que este ocupe en relación a otros clientes ya en cartera. Habrá que decidir qué ventajas ofrecerle considerando, entre otros aspectos, su posición específica en el mercado. Para ello, será necesario plantearse algunas preguntas, como por ejemplo:

- Si se puede ofrecer mejor precio que a los clientes ya existentes.
- Qué descuento será idóneo.
- Qué pide ese mercado de manera diferencial.
- Cómo estamos trabajando con los distribuidores o clientes de ese mercado en concreto y cómo es la relación con ellos.
- Cuál es la competencia en dicho mercado y qué porcentaje posee el cliente en el mismo.
- Cuántos años llevan operando en ese país nuestros competidores o empresas locales.
- Cuán maduro está el sector allí.

También es muy importante conocer qué condiciones adicionales se pueden ofrecer, porque a veces lo que no se concede en rebaja de precio, puede compensarse ofreciendo una financiación interesante. Siempre debemos cuantificar lo que cada condición adicional lleva implícito, porque será una herramienta de negociación excelente.

EJEMPLO

- Dar a elegir al cliente la elección entre un pago adelantado con un descuento del 1 al 5 % o un pago diferido a 60 días sin ese descuento.

- Una carta de crédito conlleva comisiones para ambas partes. Es el método de pago más caro pero también el más seguro. Si el cliente tiene confianza plena en el fabricante, se le puede ofrecer un descuento por pago mediante transferencia, equivalente al ahorro obtenido.

- Igualmente, a veces los clientes se empeñan en solicitar legalizaciones innecesarias que no conllevan ningún valor añadido. Dificultan las tramitaciones aduaneras e implican un costo. Se puede ofrecer eliminarlas a cambio de un descuento.

Capítulo 5
Modelos de negociación

Existen diversas estrategias para llevar a cabo una negociación que conduzca a resultados deseables. Sin embargo, no todas son óptimas para el comercio internacional. Por ello, es de suma importancia conocer los modelos de negociación para prevenir situaciones desfavorables y propiciar las ventajosas. A continuación, se tratan las características de cada uno de estos tres modelos.

1   Negociación por toma de posiciones

Este modelo consiste en negociar con el objetivo principal de obtener el máximo beneficio a costa de que lo pierda la otra parte. También se conoce como «reparto de la tarta» o «partición de suma cero». Desde el punto de vista de quien emplea este modelo, se entiende que el beneficio que se puede conseguir es uno e invariable, por lo que se utilizan herramientas de presión, especialmente si se dispone de una posición favorable, para impulsar a la otra parte a aceptar distribuciones poco equitativas, o incluso abusivas. Este modelo implica cierta agresividad e incomprensión de la situación ajena, lo que conduce a interpretar la negociación como un combate entre oponentes que persiguen fines enfrentados.

De este tipo de relación no puede surgir ninguna colaboración, por lo que son llevadas a cabo normalmente por la extrema necesidad de una de las partes. El aspecto económico suele ser el detonante que determina si se llega a un acuerdo en el proceso negociador o no.

Dependiendo de la oferta existente, la posición fuerte será la compradora o la vendedora. En cualquier caso, este modelo crea relaciones puntuales y esporádicas, donde la parte débil es consciente de su situación y, en cuanto le sea posible, buscará otra alternativa.

Este tipo de negociación es característico de la venta de productos estándares, poco personalizados y con escaso valor añadido. Es habitual que haya muchos proveedores que oferten estos productos, sin ningún elemento diferencial, por lo que el comprador no visualiza ninguna distinción en una alternativa u otra, y basa su decisión en el precio. Lo importante es el aquí y ahora, por eso se lucha sin tregua en un proceso de ajuste de precio, a modo de regateo, sin aportar soluciones o valores adicionales.

La parte compradora, en ese caso, no valora la sostenibilidad de la vendedora, ni pretende una continuidad de la relación comercial. En situaciones de crisis, una negociación de este tipo puede ser un salvavidas para la vendedora, en un afán de alcanzar la supervivencia. Sería un error que la compradora cuente con este precio para su escandallo de costos, porque puede ser un costo ficticio no recuperable en el futuro, que a veces está por debajo del costo de la propia empresa proveedora.

En los mercados donde el elemento de competencia es el precio, lo único que se puede hacer para obtener éxito es ofrecer el mejor precio posible para el lote adecuado, o los modelos concretos que nos interese ofrecer (bien por *stock*, por la multiplicidad del pedido, por baja carga de trabajo en un momento dado, etc.), pero reduciéndolos a la mínima expresión. Es decir, la oferta debe suprimir accesorios extra,

Durante un tiempo vendí equipos industriales a países del norte de África y Oriente Medio. Para estos clientes solo existían dos tipos de equipos: los provenientes de fabricantes europeos y los de fabricantes locales. Estos mercados entendían que todos los fabricantes europeos cumplían los estándares básicos que marcaban la diferencia de costo sobre los locales. Muchas veces estaban obligados o comprar a fabricantes europeos simplemente por especificación de proyecto, no porque ellos mismos creyeran en las certificaciones o ventajas que aportaban. Por ello, cuando debían recurrir por una razón u otra al fabricante europeo, todos les parecíamos iguales y esto hacía que el precio fuera realmente el único factor a priori determinante. Adicionalmente, trataban de tomar decisiones rápidamente, presionando con el factor tiempo. Muchas veces pedían una factura proforma a una de las empresas y la iban transmitiendo a otras empresas europeas a ver quién la mejoraba. Esto no es lo que se espera de una relación comercial.

y especificar que se corresponde solo con el equipo básico. Si una vez conseguido el pedido, el cliente quiere algo más, se le cargará al precio inicial. Cuando la empresa compradora ya ha accedido a la oferta básica, es el momento para intentar añadir modificaciones a la orden, variaciones, o pedidos suplementarios.

Es recomendable en estos casos no precipitarse, pero sí ser ágil. Hacer un cálculo ajustado, que proporcione un margen de beneficios bajo pero consistente.

Por otro lado, cuando se trata de la venta de productos de primera necesidad, cuya oferta la controla un número de empresas concreto y limitado (un oligopolio o incluso un monopolio), una negociación por posiciones no generará gran discusión, ya que el vendedor tarificará lo que le permita maximizar su beneficio. En estos casos, el vendedor debería evitar:

- Cobrar mucho por unidad, ya que se podría disuadir al consumidor, haciéndole creer que el producto o servicio está fuera de su capacidad de compra, y generando a su alrededor una sensación de lujo o prevención.

- Subir abusivamente el precio si el comprador está obligado al consumo de este producto, ya que podría provocar que buscase alternativas urgentes que funcionen a medio plazo, aunque a corto le cuesten más. Eso pasó con las subidas del precio del petróleo en la década de 1970, lo que promovió la creación de centrales de otras fuentes energéticas en los países industrializados.

Lo importante para estas empresas con poder de compra es calcular el consumo potencial y la capacidad económica del cliente para conseguir un ratio por unidad que genere un beneficio alto asociado a la facturación de conjunto.

Esta última variante de la negociación por posiciones es un ejemplo de dominación y representa un caso extremo, porque una de las partes impone a la otra todas las condiciones; del mismo modo, también sería ilícito si una de las partes engañara a la otra.

2   Negociación por intereses

Este modelo se basa en intentar conocer los intereses globales de todos los participantes, tratando de alcanzar el máximo de objetivos, tanto propios como ajenos. Se centra en comprender a la otra parte, para darle apoyo, generar sostenibilidad y establecer relaciones de larga duración.

Se coopera para resolver de manera conjunta, en calidad de socios, las necesidades principales de ambas partes.

Este ánimo resolutivo, creativo y aparentemente sincero que busca un acuerdo satisfactorio para ambas partes es generador de confianza mutua. Por ello, la puesta en común ha de ser transparente y abierta, ya que se comparte información clave para alinear la estrategia conjunta. Ninguna de las partes asume una posición dominante, ambas están dispuestas a ceder en algún punto a cambio del interés general.

Este tipo de negociaciones suelen ir relacionadas con un producto de alto valor añadido, un artículo personalizado o especificaciones fuera del estándar. Se buscan relaciones de colaboración o alianzas estratégicas, como las de los proveedores integrados en una cadena de suministro o, especialmente, las de un sistema justo a tiempo.

Si la negociación se hace con ánimo de generar posiciones satisfactorias para ambas organizaciones, se conseguirá mayor beneficio cuanto más se analice aquello que puede suponer valor en cualquier dirección. Este análisis requiere tiempo, una sistemática adecuada para detectar las áreas que hay que trabajar o distribuir, y el equipo adecuado, con conocimientos específicos para poder sugerir y determinar qué es potencialmente factible y qué no.

He trabajado en el sector de climatización y en el de maquinaria para mantenimiento y limpieza de fachadas. En ambos sectores, la entrega de los equipos industriales ha de ser en la obra y en el tiempo estipulado. El tiempo de entrega es importante ya que los equipos se instalan en los tejados, y con el montaje de estos suele terminar la construcción del edificio, y justo después se desmontan las grúas torres. Tras esto, elevar cualquier equipo a una azotea tiene un costo muy elevado.

Si no se llega a tiempo, se puede negociar la extensión por unos días de la grúa torre habilitada para la construcción del edificio. También se puede contratar una grúa móvil para el día que llegue el equipo, pero esto es posible únicamente dependiendo de los medios de acceso al edificio, de la altura del mismo, de la legislación del lugar, etc. Es posible que haya que inventar nuevas fórmulas, como usar helicópteros o desmontar el equipo en componentes que quepan en el montacargas del edificio. Habrá que estudiar todas las posibilidades y evaluar cuál es la mejor solución.

En una negociación EXW, el cliente exigía una penalización de 40.000 € por día de retraso. Como se iba a retrasar seis días, el costo ascendía a 240.000 €. Este cargo no estaba estipulado en ningún contrato ni especificación. Sin embargo, negociar por intereses es tratar de escuchar y de comprender. Por lo tanto, le pregunté en qué costos iba a incurrir él por el retraso, para intentar ayudarle. Mi cliente había firmado con el constructor esa penalización en base al empleo de la grúa torre por cada día de más a partir de una fecha específica. Por lo tanto, mi retraso en la carga podría ser compensado en la entrega si buscábamos otra naviera con otro tipo de servicio, un itinerario con días de tránsito menor, una coordinación especial en el embarque, etc.

Como desde la empresa exportadora es más fácil acceder a la contratación de embarques y coordinar la carga al límite de los closing port, ayudándole a encontrar una empresa transitaria desde el origen se consiguió adelantar la llegada una semana para entregar justo a tiempo sin penalización.

3 Negociación dramática

Este modelo de negociación es peligroso debido a que no se rige por los patrones habituales, económicos o racionales. Su motivación puede provenir de un sentimiento de dignidad o de miseria. Alguien podría preferir no aceptar una negociación por puro orgullo ante la posibilidad de ser ninguneado, aunque esto le suponga perder dinero. Puede suceder si el afectado aprecia cierto grado de discriminación o de estigmatización.

Hay empresas que prefieren comprar a un proveedor de la misma nacionalidad a pesar de que el costo sea superior, y sus razones responden solo a un sentimiento proteccionista que han interiorizado casi a nivel moral. Es un valor que está por encima del propio beneficio; su sentido es la ayuda al compañero, al hermano. Las empresas japonesas emplean habitualmente este modelo en las negociaciones.

Es recomendable prevenir y evitar este modelo de negociación, ya que en pocas ocasiones da buenos resultados y, si los da, no permite establecer acuerdos comerciales a largo plazo. Es por ello que hay que ser cuidadoso con el trato en las relaciones humanas, algo que se suele olvidar cuando se cuenta con una cartera importante de pedidos respaldando la cuenta de resultados.

Conocer la parte humana de la negociación es clave para controlar el efecto de la posición negociadora. Por otro lado, es sencillo prever si la otra parte va a seguir un modelo de negociación dramática. El lenguaje corporal es un indicativo muy evidente de la actitud que se tiene ante una negociación y ayuda a prevenir que esta se nos vaya de las manos. Para ello, hay que estar atentos a la posición corporal de la otra persona; si mantiene los brazos cruzados a la altura del pecho, por ejemplo, puede estar diciéndonos inconscientemente que va a estar a la defensiva y que no cederá.

En una ocasión conocí a un empresario peruano de origen japonés. Me lo dijo claramente: siempre que pueda, compraré a un proveedor japonés antes que a un europeo.

Me envió un glosario de cómo interpretan los empresarios japoneses la empresa. Ellos creen que las empresas son seres vivos; hay que alimentarlas cada día, regarlas como plantas, invertir desde su infancia sin esperar un retorno inmediato, como se hace con los niños. Piensan que hay que darles valor continuamente y creen de veras en ellas y en su potencial, como si se tratara de su propia familia.

Me decía que los empresarios japoneses son pobres pero sus empresas son ricas, porque la mayor parte de los dividendos obtenidos vuelven anualmente a la empresa. Es otra concepción, es una idea de renuncia personal por el bien de la empresa como ente.

Es un concepto idealista, pero lo practican. Lo mismo que las personas comprometidas con los coches eléctricos o con el medio ambiente. Son conceptos que van más allá de lo económico. Tocan la ética personal, la conformación de ideas desde la infancia, y son motores muy potentes.

Capítulo 6
Actitudes para afrontar una negociación

Las negociaciones se han de afrontar con una actitud determinada, atendiendo a los resultados que se quieran conseguir y adecuándola al entorno en el que se trabaje. Por ello, dado que el mercado internacional es inestable, complejo e inseguro, suele ser más rentable actuar de manera que se puedan conseguir beneficios a largo plazo y no inmediatos, y establecer relaciones sólidas.

Las actitudes a las que nos referiremos a continuación están vinculadas estrechamente con los modelos de negociación explicados en el capítulo anterior, ya que cada modelo requiere una determinada actitud y una puesta en escena concreta. Por lo tanto, si se negocia según el modelo de negociación por intereses, por ejemplo, se habrá de tener una actitud que diferirá si el modelo de negociación que se sigue es el de toma de posiciones o la negociación dramática.

1   Actitud competitiva

La actitud competitiva se corresponde con el modelo de negociación por toma de posiciones. Se parte de entender la negociación como una confrontación de intereses, donde lo que uno gana el otro lo pierde. A esto lo llaman juego de suma cero o reparto de la tarta: todas las porciones de tarta que no sean para mí, son pérdidas; cuando en los negocios no ha de ser necesariamente así.

Cada parte aspira a conseguir su máximo beneficio sin reparar en absoluto en lo que la otra parte pueda alcanzar o su grado de satisfacción con lo que le queda remanente, considerándola casi como un oponente.

Es por eso que con el discurso se intenta presionar a la otra parte, engañarla sutilmente, manipularla apelando a los sentimientos o empleando distintas falacias, siempre en pos del propio interés.

Si bien esta actitud entraña muchos aspectos negativos que lejos de favorecer la relación comercial pueden acabar por perjudicarla, la peor consecuencia es que no hay realmente un análisis conjunto del problema, y no se intenta entender los intereses de la otra parte, ni se la pretende ayudar en absoluto.

2   Actitud colaborativa

La actitud colaborativa se corresponde con el modelo de negociación por intereses. El propósito de esta actitud es buscar de manera conjunta soluciones a los problemas y necesidades de ambas partes. Por ese motivo se habla de colaboración, porque se busca la sostenibilidad, hacer fuerte la relación con vistas al futuro, haciéndola duradera. Por lo tanto, la actitud es de ayuda y colaboración, mirando por los intereses mutuos, de manera que se logre un acuerdo que revierta en el mayor beneficio para ambas partes. Esta actitud ante la negociación es un claro ejemplo de que la unión hace la fuerza. En el comercio internacional resulta imprescindible buscar relaciones como las que se construyen con este tipo de actitud, ya que lo interesante es encontrar a un proveedor con la gama de productos y precio que interese, pero sobre todo con la garantía de que existe, está ubicado donde dice estar y es solvente, fiable, y fabrica de manera segura y con calidad. Una vez localizado un proveedor con estas características, es mejor tratar de conservarlo, pues volver a establecer una relación de confianza con otro es siempre muy costoso. Por eso es tan importante la figura del operador económico autorizado (OEA) –que se reforzará con nuevas normativas internacionales, como el Código Aduanero de la Unión Europea–, porque identifica a los posibles nuevos socios y da fe de que su actividad tal y como la presentan es real.

Un método para emplear el modelo de negociación por intereses, que requiere de una actitud colaborativa, es el que internacionalmente se conoce como método Harvard o *winwin* (véase el capítulo 6).

3   Actitud emotiva

La actitud emotiva se corresponde con frecuencia con el modelo de negociación dramática, donde no se actúa de manera racional o de acuerdo a la lógica común, sino que se atiende a los sentimientos y las emociones. Por eso resulta tan difícil de matematizar y de prever los resultados. La actitud que predomina en este tipo de negociaciones consiste en una exaltación de los valores y de los sentimientos, así como del orgullo propio de aquel que negocia. Los que practican este modelo de negociación acostumbran a ser incapaces de actuar de manera colaborativa. Sin embargo, tampoco tendrán una actitud competitiva, ya que no solo les es indiferente el beneficio ajeno, sino que tampoco apuestan por el propio interés.

Capítulo 7
Negociación *win-win* o método Harvard

El método Harvard es una metodología diseñada en Estados Unidos por los profesores Fisher, Ury y Patton en la segunda mitad del siglo xx. Este método se enmarca en el modelo de negociación por intereses. Es relevante analizarlo de manera independiente, ya que este concepto de negociación ha sido ampliamente aplicado con éxito internacional debido a que genera sostenibilidad comercial.

Es decir, si en el análisis de los modelos se proponían diferentes formas de afrontar una negociación, y con las actitudes se determinaba de qué manera hay que comportarse para conseguir unos resultados concretos, con esta metodología se muestra cómo consolidar las relaciones comerciales para conservarlas y obtener beneficios a largo plazo.

El propósito principal de este método es encontrar la solución en la que todas las partes ganen (por eso se conoce como *win-win,* en inglés, o «ganador-ganador»), buscando de manera colaborativa el mayor beneficio posible para el conjunto, incluso creando beneficios adicionales que no se habían contemplado inicialmente y que pueden subyacer en las políticas o acuerdos pactados.

Todo parte de la propia definición de intereses de cada parte, indicando la prioridad o necesidad de los mismos y racionalizándolos. No es una cuestión de defender posiciones, sino de pensar más allá, teniendo en cuenta la otra parte, no considerándola como rival sino más bien como compañero.

Es esencial empezar la negociación poniendo en común los intereses de cada parte, y tratar de que sea compatible conseguir los logros del conjunto global. Si no es posible que triunfen las partes que intervienen, se han de estudiar los puntos de conflicto y tratar de minimizarlos al máximo.

Es recomendable compartir toda la información posible, escuchar activamente, preguntar, estudiar otros posibles intere-

Un comercial de una empresa transitaria me recomendó acudir a otra empresa para la contratación de un transporte que a priori él podía ofrecer. Sin embargo, era consciente de que no iba a poder dar un buen nivel de servicio o ajustarse a lo que yo necesitaba en esa situación, bien por tiempo de tránsito, por precio o porque él subcontratara el servicio y supiera que no podía hacer un correcto seguimiento. Este comercial podría haber aceptado mi pedido, pero si un día me vende un producto o servicio sin adecuarse a mis necesidades, otro día yo podría convertirme en un cliente insatisfecho que no quisiera volver a comprarle. Sin embargo, ha conseguido que me convierta en un contacto agradecido y fiel, que confiará en lo que él me ofrezca mañana.

ses derivados, contemplar todas las opciones, e incluso crear alternativas creativas que consigan que el acuerdo alcanzado sea de máximo valor, satisfaciendo como mínimo las necesidades básicas del conjunto.

Para negociar de manera óptima, es importante conocer al interlocutor, la situación, los antecedentes, cómo influye el factor tiempo en el acuerdo o las consecuencias del mismo y los impedimentos existentes. Pero además, cuando se adopta una actitud colaborativa, es imprescindible intuir el margen de maniobra de que dispone cada parte en la negociación.

Es muy importante en una negociación colaborativa prestar atención a cómo se plantean las ideas. Aunque ambas partes estén predispuestas a conciliar posturas, hay que cuidar la presentación y hacerla de manera clara y breve, pero sobre todo ordenada, enfatizando los puntos clave. De lo contrario, la otra parte podría perder el hilo de la negociación y no tener claras nuestras prioridades, haciéndonos continuas propuestas hacia una dirección distinta a la deseada.

Además, la colaboración no exime de que se deba desarrollar una argumentación inteligente y creíble como en cualquier otra negociación. Que la otra parte quiera colaborar no implica que nos vaya a dar la razón en todo. La actitud debe ser conciliadora, abierta, que permita mostrar a la otra parte las ventajas que proporcionarán y los beneficios que se conseguirán con las opciones propuestas.

Desde el inicio de la negociación, las aspiraciones deben ser altas, pero realistas, y se han de planificar los posibles escenarios de respuesta que se podrán dar. Con ello se logrará disponer de una estrategia de concesiones y un orden para compartir la información precisa según sea necesario, con el aporte de datos complementarios que apoyen el discurso desarrollado.

En definitiva, es de suma utilidad conocer algunas **técnicas de negociación,** sobre todo para el cierre de acuerdos, que es donde todo el proceso culmina, y el momento que determina si el esfuerzo previo dará sus frutos. Estas técnicas dependerán de la cultura a la que se uno se acerque para negociar. Por eso es muy importante conocer bien al interlocutor y adaptarse a sus costumbres y a su protocolo en la medida de lo posible.

Las técnicas de negociación que propone el modelo *winwin* son las siguientes:

- Búsqueda de intereses comunes: tratar de alinearse con la otra parte y encontrar puntos de encuentro, nexos.
- Racionalización del conocimiento global: empatizar con la otra parte, escucharla y conocer de manera global cuáles son sus requerimientos y en qué se fundamentan sus necesidades. Ir más allá de lo que cuenta y comprender cómo se le puede ayudar y qué está dispuesta a dar a cambio.
- Estudio del potencial: averiguar qué puede ofrecer la otra parte que nos resulte de interés. No solo los objetivos específicos planteados en la negociación, sino nuevas fuentes de valor.

- Balance y retorno: analizar los valores puestos en juego. Equilibrar el intercambio de daciones y concesiones. Siempre tratar de conceder a cambio de un retorno.
- Espíritu de colaboración: tener una actitud conciliadora, y motivar el entendimiento y la flexibilidad.
- Asociación de esfuerzo al logro: relacionar consecución de concesiones al cumplimiento de objetivos.

Cuando estoy negociando sigo varias pautas:

- Si la negociación se da en un país distinto al mío, imito sus costumbres, trato de alabar la historia y los monumentos locales, y si es posible pruebo su comida típica y explico mi experiencia. También intento alinearme con su forma de trabajo, comprendiéndola. Puede que esta sea más rigurosa que la mía y me exija cierta disciplina extra, o que sea más desordenada y me resulte algo caótica. Sin embargo, evito los juicios de valor.

- Trato de escuchar y mostrar a la otra parte que la entiendo, y le dejo espacio para explicarse. Si en un encuentro cara a cara veo al cliente enfadado o preocupado, le pregunto explícitamente. Es importante interpretar tanto el lenguaje verbal como el no verbal. Por correo electrónico todo es más frío. Los mensajes en la pantalla no pueden suplir un encuentro personal. Por ello, considero que las ferias sectoriales son muy enriquecedoras. Si no es posible un encuentro de estas características, ante el menor atisbo de enfado, lo mejor es una llamada telefónica. La voz da muchas pistas y permite expresarse a aquellos que no son hábiles escribiendo.

- Intento alinearme con los intereses comunes, y mostrar empatía y comunión en un horizonte conjunto. Trato de pensar por defecto que, generalmente, en los negocios todas las empresas están integradas por buenos profesionales que intentan desempeñar bien su trabajo. No pretenden engañar, ni lucrarse ilícitamente. Por lo tanto, siempre visualizo necesidades a corto, medio y largo plazo. Un asesoramiento hoy puede tener un retorno mañana. Asistir hoy a una feria puede brindar un cliente en unos años, porque se le ha atendido siempre con respeto a pesar de no haber recibido nunca un pedido de su parte y porque se le ha ofertado puntalmente. Al final, todos tenemos una parrilla de varios proveedores, y aquél en espera es al que se contacta en el momento oportuno porque ha sabido aguardar con profesionalidad.

- Me centro en estudiar la necesidad última del cliente. Trato de intuir lo que le interesa realmente y detectar tanto los términos que el cliente entiende implícitos, como aquellos en los que no ha reparado y que yo como vendedor podría aportarle. Es crucial ser capaz de hacer un cálculo rápido para ver los posibles intercambios, las alternativas viables, los costos de cada una de ellas y las consecuencias derivadas. Por eso, preparo los encuentros con cifras y simulaciones diversas.

- Siempre doy a cambio de algo. Trato de que las concesiones no vengan siempre de la misma parte porque no será sostenible y perjudicará al otro a la larga. Lo que intento es someter ciertas mejoras a condiciones específicas, bien de cifra de ventas, o número de entregas anuales. Esto me ayuda a no sentir que he sido estafada en una presentación con cifras grandilocuentes por parte del cliente, así como una intención de compra exorbitada que invita a bajar excesivamente los precios. De este modo, si me piden un descuento, aludo que lo hago a partir de un importe mínimo de pedido; si me piden incluir el transporte en el precio, les exijo contenedores completos y no palés.

- Intento ser flexible y adaptar mi posición si es necesario. Trato de mostrar el valor de cada alternativa, tanto económicamente como en costo de oportunidad. Es la razón por la que trato de no ofrecer obsequios que supongan un costo que acabe repercutiendo negativamente a la empresa. Es más honrado decir lo que se da y el costo asociado. Si no se remarca el valor del obsequio ante el cliente, puede que se acabe dando un regalo no requerido y se haga un gasto innecesario

- Mantengo un espíritu colaborativo. Creo que los negocios empiezan y acaban en las personas, por lo que la asistencia al cliente en para mí un valor central.

Capítulo 8
Dimensión personal de la negociación

Para afrontar una negociación hay distintos tipo de actitud. Desde la más intransigente y rígida hasta la más conciliadora, flexible y cooperativa. Entre estas, hay actitudes firmes pero receptivas en cierto grado, con capacidad de adaptación a las circunstancias. Asimismo, otras pueden ser tercas pero serviciales.

Saber negociar es una de las habilidades que más se valoran en el entorno profesional, ya que requiere creatividad, flexibilidad, sensibilidad y un alto grado de conocimiento, tanto de uno mismo como de los demás.

La educación debería enseñar desde la infancia a ver en la negociación una fuente de conciliación y cooperación, procurando que las personas sean firmes en lo importante pero capaces de ceder en el detalle. De ese modo, sería más sencillo trabajar en equipo, sin engaños, con esfuerzo, y procurando el bien común.

Una negociación se puede afrontar de dos modos: como una lucha por ganar territorio y aplastar al oponente, o como un trabajo conjunto por mejorar las condiciones generales. Este modo de afrontar la negociación, solo se puede lograr mediante la cooperación, atendiendo a las relaciones personales y comprendiendo las perspectivas de los demás.

La confianza se basa en un trabajo bien hecho, en la sinceridad y la transparencia, en compartir la información de manera que se puedan encontrar soluciones favorables para todos. Esto no implica ofrecer toda la información disponible, ya que no es imprescindible para una relación comercial. No es necesario publicar los márgenes comerciales ni las estrategias, se trata simplemente de actuar con honradez.

Se exponen a continuación algunas de las características y actitudes clave para fomentar un buen clima personal en la negociación.

1 Honestidad

Si la persona que expone cree en el mensaje que transmite, porque conoce el producto y confía en que las características sobre las que informa son reales, la audiencia percibe que se pretende convencer pero sin engañar.

Para que la negociación sea honesta, la presentación puede completarse con una buena argumentación, experiencias de uso de otros clientes, anécdotas personales y consejos.

Una presentación correcta es transparente y no oculta letra pequeña. El resultado es la confianza que la audiencia depositará en el discurso y en la persona.

Para poder trabajar en equipo, es importante priorizar el trabajo bien hecho por encima de la autocomplacencia o la satisfacción personal. Para alcanzar el consenso es necesario buscar el bienestar común y participar activamente en el grupo.

La negociación en grupo es bastante más complicada que entre dos únicos agentes, ya que hay más voces y cada voz es una persona con un criterio propio y una configuración de ideas única.

En cualquier caso, es bastante habitual en negociaciones internacionales que en la parte compradora haya más de una persona. La razón es que el objeto de negociación suelen ser varios elementos. El responsable de compras acostumbra a hacer partícipes a los técnicos, a los financieros o a los departamentos usuarios para asegurar la calidad, que las utilidades sean las correctas, la idoneidad del producto, etc.

En las negociaciones donde interviene más de un miembro de la parte contraria es importante saber cómo toman las decisiones, quién lleva las riendas o es el portavoz oficial, y si son o no un grupo de consenso. Las miradas deben ser distribuidas correctamente, y los participantes deben tener la palabra de manera equitativa, valorando todas las intervenciones. Hay que ser respetuoso con todas las personas, pero siempre atendiendo al sistema de jerarquía que la cultura requiera.

3   Prudencia

Para prevenir grandes fracasos, es necesario hacer un correcto análisis de riesgo de las situaciones.

Para asegurar que las decisiones que se toman anticipadamente son correctas y acordes con la estrategia prevista, es necesario planificar, entender el curso futuro de los acontecimientos en función de las variables que actualmente se pueden manejar, y ser capaz de simular distintos escenarios.

4   Madurez

Se demuestra una actitud madura en las negociaciones cuando se analizan las aspiraciones y se determinan objetivos realistas.

Esta actitud permite tomar conciencia de la responsabilidad sobre el devenir de otros, tanto de la parte propia como de la contraparte. Prever el futuro y lo que este puede deparar según las actuaciones presentes ayudará a gestionar la sostenibilidad de todos.

5   Inteligencia competitiva

Para potenciar la habilidad de liderazgo es necesario ejercitar la inteligencia en diferentes ámbitos. Se requiere de una alta inteligencia emocional para poder conocerse a sí mismo, tener autocontrol, empatía y facilidad en las relaciones humanas. También es necesario ejercitar la inteligencia competitiva, que se relaciona con un cierto espíritu de lucha por vencer las dificultades. «La invencibilidad reside en la defensa, las oportunidades de victoria en el ataque» (El arte de la Guerra, Sun Tzu).

Aunque se puede alcanzar la victoria en la negociación mediante pequeños engaños o tácticas ilícitas (estimulando la arrogancia de la otra parte, por ejemplo), las negociaciones exi-

En una negociación con un país árabe, se aceptaba vender con condiciones de entrega según la regla Incoterms DDP *(delivered duty paid* o entregada derechos pagados). La venta la realizó un director comercial con escaso conocimientos de comercio exterior. Algo que a priori para él consistía simplemente en indicar el destino de un producto, haciéndose cargo del transporte, podría haber tenido consecuencias negativas para el margen comercial de la operación, para la operativa logística de material, para el cobro, etc. Ante un tipo de negociación con estas características, hay que tener en cuenta una serie de factores:

- Implicaciones de una regla Incoterms DDP.
- Además de pagar el transporte hasta el país de destino, habrá que abonar los costos de aduana y los impuestos locales.

tosas, sin embargo, se basan en la honradez, la perseverancia y la fortaleza. La **honradez** responde a la capacidad de transmitir responsabilidad y confianza. La **perseverancia** se ha de acompañar de un trabajo continuo y una planificación meticulosa. La **fortaleza** puede proceder tanto del individuo como de los elementos y factores que la empresa aporta, por ejemplo, una imagen de marca consolidada, la experiencia en la fabricación, una buena organización o la compenetración del equipo.

- Tiempo que las aduanas del país de destino tardan en liberar las mercancías.
- Tarifas de almacenaje en la aduana del país de destino en espera de los procesos legales.
- Saber si se tendrá que almacenar la mercancía a la llegada en un almacén intermedio.
- Ser consciente de que no conocer los costos y el protocolo puede arruinar todo el margen de la operación.

La responsabilidad para con otros debe obligar a no aceptar ninguna cláusula sin conocer su alcance. Se debe ser humilde e informarse, llamar y preguntar, solicitar tiempos adicionales para conocer con más profundidad. En definitiva, se debe hacer todo lo que sea necesario para que los compromisos adquiridos sean consecuentes con la política establecida y con la capacidad de cumplimiento.

Capítulo 9

Dimensión cultural de la negociación

En la negociación internacional, la dimensión cultural tiene un elevado impacto, ya que dependiendo de las costumbres y de los aspectos culturales del lugar, la negociación se desenvolverá de una manera determinada. A continuación, se ofrecen una serie de aspectos que hay que tener en cuenta ya que pueden variar dependiendo del lugar donde se desarrolle la negociación.

1   Jerarquía

Hay culturas con una estructura jerárquica muy marcada y otras con una distancia jerárquica más reducida.

EJEMPLO

La indumentaria es un indicador de la estructura jerárquica de la empresa, pero al asistir a encuentros con grupos de profesionales en Estados Unidos, en ocasiones es difícil distinguir a simple vista quién es el dueño de la empresa y quién es el técnico medio, o el personal de mantenimiento,

2 Toma de decisiones

El concepto de identidad en cada cultura determina la forma de tomar decisiones, es decir, de manera individual o colectiva.

EJEMPLO

En una negociación, las culturas asiáticas tienden a requerir de un portavoz que transmite a la contraparte la opinión del grupo. Las discusiones en su seno, habitualmente en su lengua materna, dejan al margen al occidental que no suele entender el devenir del debate interno que se mantiene.

3 Rol de género

Se habla de culturas femeninas o culturas masculinas. Esto responde al rol habitual que el hombre y la mujer desempeñan en esa sociedad. El puesto que cada género pueda

Cuando empecé a trabajar en comercio internacional me advirtieron de la dificultad que tendría para negociar en países árabes siendo mujer. Sin embargo, mi experiencia es diferente. Es cierto que algunos clientes no esperaban que fuera yo quien podía tomar las decisiones, pero cuando les confirmé que ostentaba el poder de decidir e influir en la negociación, mostrando conocimiento y un firme deseo de servicio al cliente, se acabaron las dudas y los prejuicios. A partir de ese momento, la reunión se centró en negociar correctamente para llegar a acuerdos satisfactorios para ambas partes. La sorpresa ante una situación nueva es comprensible.

llegar a ocupar en una empresa dependerá del rol que se le haya asignado. Que se considere normal o subversivo que una mujer sea un alto cargo en una empresa dependerá en gran medida de si se ha visto con anterioridad o si se espera que sea así.

4   Control de imprevistos

Algunas culturas necesitan tenerlo todo bajo control y no permiten que exista incertidumbre o posibilidad de error ante fallos imprevistos.

La incertidumbre también va ligada a la percepción del mundo que tienen las diferentes culturas. Hay algunas que ven la naturaleza como algo controlable que pueden someter, mientras que otras, creen en entes superiores y aceptan que hay aspectos incontrolables.

Ante un problema o fracaso, se debe tratar de entender cómo se ha llegado a dicha situación. A corto plazo hay que contener

Las empresas anglosajonas realizan estupendos análisis de riesgos y disponen de un plan B (back up plan) por si ocurriera cualquier fallo en el plan principal.

En mi caso, normalmente tenemos dos proveedores equivalentes para una pieza que puede determinar la entrega a tiempo o no de un proyecto, siempre que su importe sea relativamente bajo. Con un cálculo sencillo se puede comprobar si conviene pagar el costo de una pieza adicional.

No se pueden multiplicar los factores de seguridad innecesariamente, ya que si se hace con cada material se duplicarían los costos. Pero hay ocasiones en las que el importe del plan B queda justificado por su criticidad y periodicidad.

Alguien que ha trabajado duro en un proyecto y lo conoce al detalle, puede prever las principales vías de fallos en su ejecución y tener siempre un plan B para cubrir los distintos escenarios que podrían acontecer.

el desastre, pero luego, llegado un momento de serenidad, se debe pensar en qué otros problemas podrían resultar además de los actuales, qué posibilidad existe de mitigar posibles riesgos adicionales, y cómo se va a prevenir para que no vuelva a pasar en el futuro. Si se consiguen registrar las experiencias de fracaso como lecciones aprendidas, el costo del fracaso puede no ser tan relevante, ya que se compensa con el aprendizaje.

5 Tiempo

Existe una consideración del factor tiempo diferente dependiendo de cada cultura.

Tanto a nivel de la continuidad de un orden secuencial, como en la orientación hacia el presente o las alusiones continúas al futuro o al pasado, como el concepto del corto y largo plazo.

- Las culturas anglosajonas siguen un esquema secuencial. Les gusta tener una agenda clara. Sin embargo, las latinas tienden a improvisar continuamente y a realizar varias actividades en paralelo.

- Las culturas anglosajonas planifican generalmente cada movimiento. Las latinas improvisan, lo que es bueno para la resolución inmediata, pero impide planes sostenibles a medio o largo plazo.

6 Entorno emotivo

El clima en las negociaciones puede ser neutro o afectivo, así como la muestra de emociones que pueden ser muy controladas o mostradas sin pudor como algo positivo y honesto.

Muchas culturas latinas muestran abiertamente su carácter, su alegría, su emoción. No tienen problema en dar un abrazo en público a un proveedor como si fuera un hermano.

Hay aspectos relacionados con la comunicación que están muy presentes en la cultura, como el tipo de diálogo, si son conversaciones muy solapadas o con pausas o silencios; si se dejan ideas para sobreentender por el contexto, los tonos de voz, el uso de gestos, o la distancia física que se mantiene con el interlocutor.

EJEMPLO

Hay que ser respetuoso con los demás, pero también hay que mostrarse de manera natural. Siempre es recomendable ser simpático. Si ya se conoce al interlocutor, no está de más dar un abrazo o dos besos. Dar la mano es neutro; es correcto para los primeros encuentros, para guardar un protocolo con desconocidos.

Aunque la cultura china sea reservada, es posible negociar con empresas chinas cuyo personal se muestre dicharachero, amable y cordial. A veces, acercarse con autenticidad, con muestras de respeto y de valoración a otras culturas puede ser la clave para que esta actitud sea recíproca.

Capítulo 10

El negociador ideal

Conocerse a sí mismo, al interlocutor y el entorno en el que se trabaja es clave para ser un buen negociador.

Con un análisis DAFO personal se pueden visualizar las virtudes y los defectos propios, y disponer de una herramienta para potenciar las fortalezas y minimizar las debilidades. Con este conocimiento se logra:

- Crear un muro mental que haga frente a las amenazas y presiones, porque ya se han previsto y se sabe cómo actuar.
- Aprovechar las oportunidades provenientes de la negociación, bien por la actitud del interlocutor y la información compartida por el mismo, o quizá por los nuevos escenarios creados.
- Generar confianza en uno mismo. Esto permite visualizar el desarrollo de la negociación, tener la disposición emocional adecuada para lidiar con objeciones y vencerlas, y culminar exitosamente la negociación, con un alto grado de motivación y expectativas, siempre realistas.
- Generar una estrategia previa, que sirva de carta de navegación, para no olvidar los objetivos principales.
- Ser metodológico en el reconocimiento de alternativas, cubriendo los distintos aspectos que se quieren nego-

ciar y combinándolos ágilmente. Para eso, es necesario tener un gran conocimiento del producto, de las condiciones que se pueden pactar, y del servicio que se ofrece o se podría ofrecer. Esto mismo será también útil para la búsqueda de soluciones que satisfagan las necesidades físicas y emocionales del negociador de la contraparte.

1   Tácticas que puede emplear el negociador

Un buen negociador ha de prestar especial cuidado a una serie de aspectos que le pueden ayudar a conseguir el éxito en la negociación. A continuación, se destacan algunos que resultan clave para lograrlo.

- **Imagen**

  Es la carta de presentación, por lo tanto es importante cuidar la apariencia. Es clave mostrar serenidad y equilibrio. Además, es importante un saludo con tono pausado pero cálido, aunque sin énfasis excesivo ni soberbia. Además no se debe ser ni demasiado formal ni demasiado familiar, a no ser que haya una causa que lo requiera.

- **Respeto**

  Se basa en reconocer al interlocutor como una persona válida para el diálogo. Se le ha de dejar hablar y escucharle activamente.

- **Puesta en común**

  Es conveniente compartir las problemáticas para reforzar las relaciones personales, y así asegurar su continuidad.

- **Actuar con sensatez**

  Tomar decisiones sensatas es imprescindible para cualquier empresa, especialmente si se negocia en un entorno internacional, donde siempre existen riesgos adicionales. Es clave ser coherente en la comunicación tanto
  verbal como no verbal.

- **Compromiso**

  Un diálogo abierto y respetuoso generará confianza a
  corto plazo, pero solo se mantendrá a largo plazo si se
  cumple posteriormente con lo pactado. Ser fiel a los
  acuerdos es lo que genera una virtud en las empresas,
  que internacionalmente se conoce como *accountabi-
  lity*, que alude a la responsabilidad para cumplir los
  compromisos.

  La honradez es sin duda una marca de identidad.

2 Cualidades

Un buen negociador ha de tener unas cualidades determina-
das. Estas cualidades incrementan la confianza en uno mismo,
mantienen altas las expectativas, y proporcionan la ambición

y motivación necesarias para luchar por acuerdo hasta el final. También le aportarán valor para llevar la iniciativa cuando sea necesario y le otorgarán firmeza para mantenerse en un término correcto ante las críticas o los escenarios complicados. Se pueden agrupar en cuatro grandes grupos:

- **Control del tiempo**

  El negociador debe ser paciente y esperar el momento adecuado, pero también ha se ser perseverante y reclamar las respuestas si tarda demasiado en obtenerlas.

- **Dominio de la lógica**

  El negociador debe ser analítico, capaz de razonar y flexible para adaptarse con fluidez según la dinámica de la negociación. Establecer una jerarquía de ideas ayuda a ser eficiente en las propuestas y a ser consciente de la gestión de los recursos disponibles.

- **Habilidades comunicativas**

  El negociador debe ser un buen comunicador, con dominio de la expresión oral y escrita, con capacidad para observar y comprender, que escuche activamente y controle sus emociones. Esto solo se consigue con disciplina y entrenamiento. También es necesaria la empatía para ser cortés y elegante, sobre todo ante preguntas o respuestas delicadas. A través de un buen dominio de la comunicación se pretende ser persuasivo, sin resultar agobiante.

- **Ingenio y creatividad**

  La inventiva y la creatividad ayudarán al negociador a encontrar soluciones a los problemas, a buscar alternativas o vencer a obstáculos y objeciones.

3 Retos del negociador

En una negociación se pueden presentar situaciones para las que hay que saber de qué modo es más conveniente actuar. A continuación se presentan los escenarios ante los que el negociador ha de ser más precavido:

- **El agrado**

  Cuando uno negocia acostumbra a no agradar completamente a la contraparte. De hecho, es probable que tenga que llevarle la contraria u objetar algún término. Esto puede suceder de manera amable, pero es probable que resulte una situación desagradable si se generara un foco de tensión. Por norma general, no se debe ser excesivamente emotivo o temperamental, de lo contrario, la negociación puede conducir a un malestar general.

- **La racionalidad**

  Es conveniente mostrarse racional y autocrítico. No obstante, en ocasiones puede ser positivo mostrarse escéptico o un tanto irracional para recolocar a la contraparte en la posición deseada. Esto puede ocurrir si el interlocutor pretende aprovecharse de la flexibilidad que se muestra.

Cabe recordar que una postura totalmente rígida no va ligada al éxito. Es preferible combinar adecuadamente firmeza y flexibilidad.

- **La incertidumbre**
  No se debe permitir la incertidumbre o la ambigüedad en una negociación. Siempre es mejor explicitar todos los acuerdos que encontrar la sorpresa de que todo lo pactado llevaba implícito un paquete adicional.

4   Asertividad

La asertividad es la herramienta clave del negociador, ya que le permite disponer de la frase adecuada en el momento adecuado. Reaccionar correctamente es clave para el éxito en una negociación.

También permite manifestar educadamente y con mesurada vehemencia las convicciones propias, sin dañar a la otra parte u ofenderla, respetándola pero defendiendo al mismo tiempo los derechos o creencias propios que marcarán los límites de la negociación.

Para reclamar dicha justicia es necesario tener un criterio propio, conocer los derechos y deberes de cada uno, así como disponer siempre de información clara, precisa y actualizada del asunto que se trata.

En cualquier caso, hay libertad para elegir la actitud que se va a mantener. Lo mismo que para aceptar o rechazar propuestas. La honestidad debe ser la que marque las fronteras.

Una vez pedí que opinaran sobre una de mis presentaciones. Los puntos clave que una persona asistente tuvo la amabilidad de indicarme, acordes con lo que considero idóneo para una puesta en escena en una negociación, fueron los siguientes:

- Hubo invitación a participar y cercanía.
- Se dieron muestras de confianza y dominio tanto del tema como de la situación.
- La presencia fue elegante y seria.
- Se sonreía con frecuencia.
- El ritmo, el volumen de la voz y el tono fueron adecuados para mantener la atención.
- La terminología era técnica pero comprensible, con explicación de ciertos acrónimos o palabras clave sobre las que pudiera haber alguna duda.
- El control del tiempo era correcto.
- La presentación de diapositivas que acompañó el discurso era dinámica.

Capítulo 11
Fases previas a la negociación

En cualquier negociación es muy importante definir una estrategia de actuación y hacer una preparación previa, con el fin de evitar imprevistos y tenerlo todo bajo control.

A continuación, se exponen diversas cuestiones relevantes previas a la negociación: conocer cuáles son los protocolos en el país donde se va a negociar, planificar la negociación mediante un cronograma y el uso de la técnica MAPAN. Todas ellas sirven para configurar los conocimientos previos necesarios para llevar a cabo una negociación fructífera.

La estrategia del ajedrez

El ajedrez es un juego de estrategia. Consta de tres etapas: la apertura, en la que las piezas salen de sus posiciones iniciales; el medio juego, cuando todavía hay muchas piezas, y un alto grado de conflicto entre ellas; el final, cuando quedan pocas piezas. Este juego es similar a una negociación.

En cada etapa tiene que haber estrategias y tácticas diferentes. Para ser victorioso en una partida se suele pensar que hay que hacer jaque mate. No obstante, no es necesario, ya que existen las llamadas «posiciones ganadoras». Son aquellas que con un juego perfecto de ambas partes, darían la victoria solo a una. Por ejemplo, un jugador con reina, frente a otro que la ha perdido, tiene una ventaja competitiva a igualdad de piezas restantes.

Durante la partida, el jugador tiene que estar atento al valor de las piezas en el tablero, a la formación de peones, a cómo protege al rey y a cómo controla la posición de sus piezas clave. Es similar en la negociación: hay que estar pendiente de cómo evoluciona el margen, qué compromisos se están adquiriendo, etc.

En ajedrez, la estrategia básica es el recuento de valor de las piezas. Cada pieza tiene un valor. Estos valores cambian según la posición de las piezas (un peón avanzado vale más que uno en la salida), por la coordinación entre piezas (dos alfiles se coordinan mejor que un alfil y un caballo), y por el tipo de posición (en las posiciones abiertas son mejores los alfiles, y en las cerradas, los caballos).

En una negociación se pueden enumerar los distintos objetos de negociación y darles un valor, como con las piezas del ajedrez. Por ejemplo, una pieza es el nivel de precio, otra una financiación específica, otra la garantía de más de dos años, etc.

A medida que avanza la negociación, se va jugando una partida de ajedrez en la que hay que asegurar aquellas posiciones irrenunciables, proteger la cuenta de resultados de la empresa, velando tanto por el beneficio como por la sostenibilidad, evitar la rotura de stock y dar servicio al cliente.

Después de cada movimiento, habrá que recalcular la situación y estimar qué paso dar a continuación.

1 Pensar la estrategia

La estrategia es el plan con el que se logra la consecución de unos objetivos determinados mediante las tácticas adecuadas, que corresponden con un conjunto de actividades u operaciones. La estrategia es una guía que determina cuál es el mejor camino a seguir. Por eso conviene conocer qué movimientos es deseable dar y qué operaciones implican.

2 Conocer el protocolo

Cuando los encuentros se mantienen en el extranjero, es muy importante atender al protocolo del país de acogida. El protocolo hace referencia al conjunto de normas y disposiciones legales que, junto a los usos, las costumbres y las tradiciones de los pueblos, rigen la celebración de los actos oficiales. Así, el protocolo no solo responde a un conjunto de normas aceptadas por herencia y tradición sino que, a veces, está marcado por la legislación, como los actos oficiales o los relacionados con la bandera.

El protocolo determina la forma en que se desarrollan las actividades públicas que realizan las autoridades del lugar, tales como inauguraciones, entregas de premios, firmas de convenios, el acto de inicio de una obra o la colocación de la primera piedra, visitas institucionales, etc. En este sentido, el protocolo incluye cómo es la presidencia de los actos y la colocación de los invitados durante los mismos, indicando el rol del anfitrión así como el de los invitados de honor y, algo muy importante, cómo se ha de manifestar el respeto a la bandera y al himno de la nación. Si el acto conlleva un almuerzo o cena, el protocolo regirá cómo son las invitaciones, definirá el tipo de mesas y la ordenación de comensales entorno a estas; también puede marcar el estilo del comedor y el tipo de servicio para las comidas, etc. Por lo tanto, si hay programada la asistencia a un acto oficial del país al que se va, es importante atender al protocolo oficial que se tendrá que seguir.

Otro concepto similar al de protocolo, muy relacionado con la actividad profesional y los encuentros comerciales, es la etiqueta. Esta se basa en un código de conducta que limita el comportamiento social según unas normas generalmente admitidas. La etiqueta es parte del día a día de una negociación internacional.

Caso práctico

En cualquier lugar del mundo, la etiqueta generalmente adecuada para una reunión formal con un cliente potencial al que no se conoce es el empleo de traje y corbata. Tanto en hombres como en mujeres, el traje casi siempre resulta apropiado. Monocolor o a rayas, su sencillez y elegancia marcarán la clase y el estilo con el que deseemos presentarnos.

Otras alternativas distintas pueden invitar a juzgar la elección estilística, o la calidad y la estética de nuestra indumentaria. La imagen que se ofrece es muy importante en las negociaciones. Se puede vestir como se desee, pero hay que ser consciente del posible impacto en los demás. Si el resultado que creemos transmitir coincide con el que queremos, no hay inconveniente en vestir como se desee. Si no se está seguro del impacto que podamos causar, es preferible no innovar. Quedan exentas de esta generalización aquellas personas cuyo negocio principal esté relacionado con el mundo de la moda.

En el mundo anglosajón es muy habitual recibir agendas que contienen la jornada completa. Es decir, en ella se incluyen tanto las reuniones de trabajo durante el día como las cenas. Estas agendas suelen incluir la etiqueta requerida para cada ocasión. Suelen aconsejar traje y corbata durante el día y un aspecto más casual para la cena, especificando que se permiten pantalones vaqueros. También indican si hay alguna actividad que pueda requerir traje de baño. Conviene seguir estos consejos porque nos ayudarán a integrarnos a través de uno de los elementos básicos comunicativos, la imitación.

Seguir la etiqueta permite alinear a cada participante de la reunión con el resto, eliminando la barrera de la imagen y centrando la reunión en el contenido crítico de la misma.

¿Quién no recuerda a Bridget Jones acudiendo a una fiesta vestida de conejita de Playboy porque le llegó el protocolo incorrecto? El giro humorístico estaba en la descontextualización; de haber asistido a una fiesta donde todos vistieran el disfraz, la escena no habría sido destacable.

Para que cualquier proceso negociador se desarrolle correctamente es imprescindible una planificación previa. Este plan permitirá identificar los objetivos, idear alternativas, elegir la opción más adecuada, ejecutarla y tomar decisiones según el avance del mismo.

Para ello, es aconsejable determinar el conjunto de tareas que se han de realizar, asignándoles fechas, recursos y personal responsable. Es importante disponer de un sistema de seguimiento del grado de avance del plan, para detectar posibles desviaciones lo antes posible. Solo de esta manera se podrá actuar sobre ellas, y replanificar consecuentemente.

Si se fragmentan en tareas básicas todos los pasos que hay que dar para conseguir cada objetivo, se obtiene una lista que puede ordenarse de acuerdo con la prioridad de cada tarea, o en paralelo si su ejecución puede llevarse a cabo al mismo tiempo. Este método de organización de tareas se conoce como cronograma o diagrama de Gantt, que consiste en un gráfico donde se visualizan las relaciones entre las actividades y la vinculación del cierre de unas con el inicio o el trascurso de otras. Para generar este cronograma, se han de ordenar las actividades, priorizándolas, viendo la dependencia entre ellas y los recursos exclusivos disponibles para cada una, y los que se deberán compartir de manera conjunta.

Un cronograma permite conocer dos cosas significativas: el tiempo de ejecución *(lead time)* y el camino crítico (actuando sobre este se puede reducir el tiempo global). Esta forma de planificar cualquier proceso como si fuera un proyecto es lo que se conoce como gestión de proyectos *(project management)*. La negociación en sí misma es un proyecto.

Si se determina el orden de las actividades y se plasma en un cronograma, se dispondrá de una visión completa del plan, teniendo claro qué pasos son necesarios, qué plazos se pueden esperar de una manera realista y qué margen se tiene de actuación.

	CRONOGRAMA DEL PROYECTO		Números seriales	
			Oficina de ventas	
			Destino	
Nombre del proyecto				
Tiempo de ejecución del proyecto en semanas				
Este cronograma muestra las actividades posteriores al lanzamiento del proyecto				

N°	Actividades	Semanas																							
		1	2	3	4	5	6	7	8	9	10	11	12	13	14	15	16	17	18	19	20	21	22	23	24
1																									
2																									
3																									
4																									
5																									
6																									
7																									
8																									
9																									
10																									
11																									
12																									
13																									
14																									
15																									
n																									

Figura 1. Ejemplo de un cronograma para planificar el proceso negociador.

Este cronograma puede completarse con otros datos, como los recursos necesarios, por ejemplo: qué presupuesto se requiere, qué personas participarán y cuándo, qué documentación es necesaria, qué subvenciones se pueden pedir, etc.

De esta gestión debe resultar claramente dónde se deben poner los esfuerzos más importantes, qué se debe controlar, qué documentación debe resultar de todo el proceso y cómo reconocer el cumplimiento de objetivos.

4 Técnica MAPAN

La técnica MAPAN (mejor alternativa posible a un acuerdo negociado, conocida como BATNA en inglés) consiste en calcular la mejor situación a la que quedaríamos relegados si el acuerdo no llega a su fin. Es decir, puede ocurrir que el acuerdo al que potencialmente se consiga llegar en una negociación sea peor que no acordar nada. Por ello, hay que saber identificar estas situaciones, para finalizar la negociación y no admitir un acuerdo peor que el MAPAN calculado. Esta técnica sirve como herramienta para dirigir el acuerdo hacia una posición más satisfactoria o protegerse de un mal acuerdo.

A medida que se desarrolla el proceso negociador, se debe comparar cada acuerdo posible con el MAPAN. Cuanto mejor sea la alternativa, de mayor poder de negociación se dispondrá, ya que se tendrá la seguridad de que existe otra opción que satisface las expectativas. Solo se debe estar dispuesto a sacrificar la posibilidad que propone el MAPAN si se acuerda algo que

Un cliente con el que se han acordado el pago contra documentos, a la llegada del contenedor a puerto de destino, decide no pagar a menos que se le haga un descuento. Si el producto es un traje a medida y no se llega a un acuerdo, se pierde el costo del material fabricado y el del transporte hasta el puerto de destino, así como la destrucción de la mercancía en la aduana de llegada. Otra opción es pagar el retorno a fábrica y tratar de reutilizar los desechos, pero no hay opción a recuperar el producto. Si no se llega a un acuerdo, el MAPAN indica en este caso que se está en una posición débil. Acordar un descuento será más favorable. Por lo tanto, la otra parte puede aprovechar la situación para solicitar un descuento desmedido que incluso podría sobrepasar el costo del producto. Incluso de ese modo sería económicamente interesante aceptar el acuerdo.

Tras aceptar un acuerdo como este habría que aprender de la experiencia que nunca se debe aceptar un pago diferido de un traje a medida. En productos exclusivos hechos para servir a un cliente específico, se debe exigir por adelantado el pago completo, que cubra como mínimo los costos en que se va a incurrir, ya que pueden ser irrecuperables.

En cualquier caso, aunque el envío fuera de productos estándar, hay que garantizar el cobro por adelantado del costo del transporte de retorno de la mercancía, siempre que no exista una garantía de cobro que proporciona, por ejemplo, una carta de crédito irrevocable.

genere mayores beneficios y mejore el *status quo.* Saber salir a tiempo de una negociación que no interesa es la clave de no hipotecarse para el futuro.

El MAPAN debe facilitar un plan B realista, pero no hay que conformarse con la alternativa que propone. El conformismo puede impedir que se establezcan acuerdos mejores, que pudieran provenir de ideas combinadas nacidas en la negociación y que ofrezcan un beneficio mutuo.

El MAPAN es un elemento estratégico. Si se conoce el de la otra parte se puede obtener información clave sobre el mínimo al que no renunciará. Esto sitúa a una de las partes en una posición ventajosa, ya que podrá determinar los márgenes de maniobra.

Capítulo 12

Etapas del proceso negociador

El proceso negociador se puede dividir en diferentes etapas. Cada una de ella tiene unas características concretas. Estas etapas son:

- El contacto.
- La preparación.
- El encuentro.
- La proposición.
- El conflicto de intereses.
- El cierre.

1 El contacto

Como paso previo a entrar en contacto con un cliente potencial, es necesario seguir los siguientes pasos:

- **Decisión del modo de acceso al mercado**
  Se decide la forma de entrada al mercado sobre la base de la cual se buscarán los clientes potenciales, a los que se puede acceder a través de diferentes canales.

- **Identificación de las empresas**

  Para identificar a las empresas que pueden ser de interés en un mercado determinado, se pueden consultar directorios en internet o solicitar información a organismos de promoción del comercio exterior.

- **Análisis del listado de empresas**

  Se estudian y se seleccionan las empresas más interesantes según su tamaño o el volumen de su facturación, los productos que importa, la cartera de clientes, las marcas que representa o por su emplazamiento, entre otros criterios.

- **Identificación de la persona o empresa con la que se va a negociar**

  Hay que decidir de qué modo se accederá a la persona clave. Se puede contactar por correo electrónico, correo postal o teléfono, pero lo ideal es siempre personalizar la comunicación, y dirigirse a una persona concreta aludiendo a su nombre y posición. Si no se conoce el nombre, hay que dirigirse al cargo o al área de responsabilidad, como por ejemplo «Director de Compras», o «Responsable de Importaciones».

  Algunas redes sociales permiten personalizar los cargos. En buscadores en internet, si se usan las palabras clave, puede resultar muy fácil saber a quién dirigirse. Otra opción consiste en llamar a la centralita y solicitar información sobre la persona que ocupa el puesto directivo, a la que hay que enviar un correo para concertar un encuentro.

- **Redacción del correo electrónico**

  Para que tengan en cuenta el correo electrónico, hay que atender principalmente a tres factores: enviarlo a la persona adecuada, que el asunto del correo sea llamativo, y que la persona destinataria pueda acceder a información adicional si lo desea.

EJEMPLO

En el cuerpo del mensaje debe haber una presentación breve del producto o servicio y de sus ventajas.

Es mejor no adjuntar archivos, porque muchos sistemas que evitan el correo basura bloquean estas direcciones de correo de las listas habituales de contactos. Muchos profesionales no los abren si llevan documentos adjuntos, por temor a que contengan virus o que sea publicidad. Si se toma el riesgo de enviar alguno, debe ser muy visual y atractivo, con información clave. Es recomendable dar información de la empresa y explicar, mediante una rápida reseña, cómo se le ha localizado y compartir los intereses comunes.

- **Concertación de la visita**
  Se puede emplear el correo electrónico o el teléfono para conseguir la cita. En misiones comerciales organizadas por entidades, lo puede gestionar un intermediario.

EJEMPLO

Cuando se acude por prospección comercial a un país en el que no se ha negociado anteriormente, se debería establecer una agenda de visitas, concertadas unas semanas antes del viaje.

No es recomendable planificar más de cuatro visitas por día, ya que se corre el riesgo de entretenerse en alguna y llegar tarde a la siguiente, dando una imagen de impuntualidad. En algunos países, como en los anglosajones, el responsable de la visita no recibe fuera de la hora planificada, aludiendo que tiene otros puntos en su agenda. También puede ser que la empresa esté fuera de su horario de apertura, hay que tener en cuenta que los horarios y las jornadas laborales varían dependiendo del país. Por ejemplo, en Italia o Rusia se para para comer a las 12:00 h. En Alemania o Reino Unido, podrían no recibir después de las 16:00 o las 17:00 h. Conviene reconfirmar las visitas unos días antes.

Se puede considerar un pequeño grupo de empresas, menos interesantes y ya trabajadas, por si alguna de las citas se cancelara. En general, lo mejor es llevar listados de clientes potenciales a mano con sus datos de contacto por si hay que redirigir alguna jornada.

Es práctico reservar media jornada libre en la agenda por si hay que encontrarse nuevamente con alguna empresa para el cierre de un acuerdo.

En una misión comercial en Túnez, recibí una agenda horrible por parte de la consultora que preparó los encuentros.

Desde el primer momento, solicité la dirección web de las empresas para verificar que fueran clientes potenciales, pero aludieron a que en estos países no todas las empresas disponen de web (algo poco probable, independientemente del país de que se trate). Contesté que si las empresas no tenían web, difícilmente podían ser importadoras, sino pequeños distribuidores que no eran mi objetivo. La consultora contestó que confiara en su trabajo, pero transmití mis dudas al organismo organizador.

Cuando llegué a Túnez, mis temores se confirmaron. En la primera visita, la empresa era una pequeña tienda de productos industriales. Simultáneamente, llegaron otros empresarios. Todos estábamos citados a la misma hora, y el dueño no tenía constancia de ninguna de las visitas.

Esto puede ocurrir. A veces, no se puede evitar acudir a una misión comercial con una agenda absurda. La manera de subsanar ese error, ante la previsión de que saldría mal, fue llevar mi propio listado de empresas, con clientes potenciales obtenidos a través de internet. Sabía sus nombres, sus localizaciones, sus gamas de producto, e intuí sus proveedores actuales estudiando el catálogo.

Cuando en el segundo contacto de la agenda vi que se repetía el mismo error, contacté con todas las empresas coordinadas en la agenda. Ninguna de ellas, excepto una, había sido contactada para establecer el encuentro ni estaban interesadas en mi producto. Eran todos pequeños establecimientos, de los que un par de ellos ocasionalmente habían comprado una o dos unidades. Les pregunté a quién le habían comprado los equipos y me dieron los datos. A los contactos obtenidos de mi búsqueda previa, añadí los distribuidores que me habían comentado las tiendas locales.

Siguiendo la pista de uno de ellos, fui a dar con los dos importadores de mi producto en Túnez. Ambos compraban a mi competencia. Uno era su distribuidor oficial y estaba satisfecho. El otro estaba disgustado porque compraba al mismo fabricante europeo sabiéndose en peores condiciones de compra que la otra empresa. Apreció mucho poder encontrar un competidor igualmente europeo al que representar. Allí nació mi relación con dicha empresa.

Al año siguiente, no solo compraba desde Túnez, sino que esta empresa había crecido y estableció su sede en Francia, desde donde me siguió comprando.

Es muy importante tener un plan B para estos casos.

En misiones comerciales posteriores, traté siempre de contactar previamente a las empresas, para asegurar su interés en mi producto.

2   La preparación

Previamente a realizar un viaje, cuando se va a negociar en un ámbito internacional, es necesario prepararlo y llevar a cabo diversas gestiones desde el país de origen.

- **Delimitar los objetivos**

  En toda negociación hay que tener claros cuáles son los objetivos que se pretenden conseguir. Estos se pueden dividir en tres tipos:

  - **Objetivos G.** Son aquellos que sería ideal alcanzar. De conseguirlos, se considera que la negociación ha sido exitosa, pues satisfacen las expectativas más altas. Se parte de estos objetivos optimistas, pero generalmente, en el trascurso del encuentro se acaba prescindiendo de ellos.
  - **Objetivos P.** Son aquellos que se pretende alcanzar. Estos objetivos se consiguen tras negociar, habiendo prescindido de algunos objetivos G a cambio de conservar aquellos irrenunciables.
  - **Objetivos T.** Son aquellos que se tienen que conseguir, ya que corresponden con la posición de negociación mínima.

- **Delimitar el margen de maniobra o la zona de posible acuerdo**

  La zona de posible acuerdo es aquella que permite que ambas partes alcancen sus objetivos T. Si alguna de las partes no los alcanzara, se llegaría a un punto de ruptura, no habiendo margen de maniobra para el cierre del acuerdo.

- **Determinar el MAPAN**

  Consiste en definir la mejor alternativa al acuerdo negociado.

- **Recoger información**

  Es importante investigar y recopilar información sobre los antecedentes que haya podido tener nuestra empresa con la que se va a reunir.

EJEMPLO

Una vez negocié con una empresa cuyo antiguo dueño había dejado un impago a la mía en el pasado. Mi empresa no habría accedido a trabajar con esta, pero la nueva dirección hacía pensar que era otra organización. A pesar de ello, una de las condiciones que se exigieron fue el pago por adelantado. Un estudio de los antecedentes previene de cometer los mismos errores.

- **Analizar el sector en el país**

  Es conveniente realizar un análisis del sector en el país de destino, así como un estudio de la competencia. También es aconsejable recopilar experiencias previas en dicho país, hacer una revisión de la cartera actual y de las condiciones comerciales aplicadas al país hasta ese momento.

- **Informarse sobre el interlocutor**

  Es bueno disponer de algo de información sobre el interlocutor antes del encuentro. Además de conocer sus datos, es positivo conocer sus experiencias profesionales anteriores, si es reconocido en el sector o si se tienen contactos comunes.

- **Evaluar la estrategia**

  Hay que tener claro quién tiene mayor poder de negociación en la reunión y por qué. A continuación, se define la estrategia que se seguirá, que permitirá conocer el punto de partida, los límites de aspiración y el punto de ruptura.

- **Preparar un dosier informativo para la reunión**

  Para disponer del dato exacto en el momento idóneo es conveniente seleccionar cuidadosamente la información que se lleva a la reunión, así como preparar una presentación acorde con nuestra imagen. El orden y el método para presentar esa información se decidirá *in situ*, aunque se puede simular el escenario posible en los ensayos previos. Es importante preparar un dosier para que todos conozcan la documentación que se presentará, y así se pueda defender la negociación conjuntamente.

- **Preparar la agenda del encuentro**

  Una agenda ayudará a planificar la jornada, con todos los puntos y el orden en que se han de tratar. Es una herramienta muy útil que se ha de preparar previamente a la reunión consensuándola con la otra parte.

3   El encuentro

Puede transcurrir en las instalaciones del cliente, en las del proveedor o en un sitio neutral, como es el caso de un encuentro empresarial en una cámara de comercio o una feria sectorial. Para llevar a cabo un encuentro, será necesario dar una serie de pasos:

- **Causar una buena primera impresión**

  Es importante llegar con un aspecto cuidado (a pesar de la descompensación horaria que pueda existir), ser puntual, cortés, respetar el protocolo de cada lugar, etc. Se aconseja tomarse unos segundos para leer las tarjetas de visita de una en una, especialmente cuando la otra parte está integrada por varias personas, de modo que sepamos posteriormente el nombre de cada integrante.

EJEMPLO

En China, la tarjeta se entrega tomándola entre las dos manos como un preciado tesoro, no ninguneemos este gesto delante de ellos.

- **Crear contexto**

  Es preferible tener una actitud calmada, cordial y amable al principio, sin tomarse demasiadas confianzas, evitando los chistes y las bromas.

Se recomienda hacer comentarios positivos y emplear fórmulas optimistas y empáticas, evitando el servilismo o una posición anulada.

Si se es capaz de conectar con la otra parte, esta conexión ayudará al entendimiento, creando un terreno común de confluencia donde trabajar. Esto se consigue equiparando ritmos, tonos, con contacto visual, imitando posturas.

- **Romper el hielo**
  Antes de entrar a negociar se acostumbra a charlar distendidamente sobre una temática de cortesía. Esta puede ser sobre el tiempo, el viaje, el hotel, etc., y ayuda a crear un clima inicial confortable.

  Si las partes no se conocían, esto permite romper el hielo. En el caso de conocerse, se recomienda preguntar por la familia, enviar saludos a compañeros, etc.

- **Iniciar la negociación**
  Es oportuno comenzar escuchando las necesidades de la otra parte. Cuanto antes se conozcan sus intereses, antes se podrá determinar el modo de ayudarle a conseguirlos.

  Para completar la información, es preferible usar preguntas abiertas, como ¿por qué? o ¿cómo?, en lugar de preguntas cerradas como ¿cuánto? o ¿dónde?

  Siempre hay que evitar comprometer al interlocutor, y no pedirle nunca información confidencial o que le pueda incomodar. Por ello hay que evitar hacer referencia a márgenes comerciales, clientes, etc.

- **Presentarse**

  En la presentación se deben incluir todas las características técnicas y comerciales de la empresa, así como hacer un claro resumen de las ventajas competitivas del producto o servicio, creando interés en la otra parte.

- **Argumentar**

  Argumentar permite exponer un punto de vista de manera justificada y analítica. Tiene aún más valor si se le añade algún tipo de verificación que valide lo que se presenta. Hay que tratar de dirigir el discurso hacia lo que le interesa a la otra parte y no únicamente discutir nuestros intereses. Por eso es tan importante aclarar, explicar y argumentar aquello de lo necesitan más información.

- **Establecer una buena relación personal**

  Generar un buen clima de negociación puede ser el inicio de una buena relación personal. Por eso es tan importante seleccionar a las personas idóneas para llevar a cabo el proceso negociador.

4 La propuesta

En el momento de la negociación, hay que hacer una oferta concreta inicial y proceder después a la discusión de la misma. Se recomienda seguir las siguientes fases:

- **Inicio de la negociación**

  En general, la iniciativa la suele tomar la parte vendedora, excepto cuando el precio es un factor decisivo. En este caso, la compradora podría comenzar estableciendo restricciones para evitar prolongar la negociación, especialmente si prevé que no va a haber acuerdo por no cumplirse sus expectativas.

  Es preferible dejar hablar a la parte compradora si la vendedora es inexperta en el mercado o en el país, y prefiere conocer las expectativas del cliente antes de generar ninguna propuesta.

- **Presentación de la propuesta**

  Se describe la propuesta y se delimita el alcance de la misma con los condicionantes que sean necesarios.

EJEMPLO

Se crea un marco específico de oferta, cuantificando unidades o cantidades con los precios y con el resto de condiciones, pero también con el uso del tiempo condicional, con una marcación clara de las concesiones necesarias por la otra parte.

- **Tipología de la propuesta inicial**

  Se puede comenzar ofertando a la baja o al alza, dependiendo de a quién se dirija la propuesta, de cuánto se le conozca, de experiencias anteriores, etc.

En general es bueno empezar la negociación con una expectativa ambiciosa, para poder tener un margen de manobra amplio que permita ser flexible, para empatizar con la necesidad de regateo cultural o para que el negociador de la parte contraria sienta que sus esfuerzos y perseverancia en la negociación van dando pequeños logros. El margen de negociación viene marcado por las alternativas de ambas partes, su nivel de competencia en el producto o servicio y la urgencia por llegar a un acuerdo.

- **Intercambio de proposiciones**
  La exposición de las propuestas muestra la profesionalidad y la seriedad de los interlocutores.

Caso práctico

Mi experiencia en países árabes es que requieren de una fase de acercamiento al precio mediante una progresión, lo que comúnmente se conoce como regateo. Es decir, la vendedora da un precio al alza y la compradora a la baja, hasta llegar a una posición intermedia donde se dirima si ambas partes quedan satisfechas o no. Por ello, no se puede dar el mejor precio desde el inicio, porque obligaría a ser descorteses y no se podría mejorar la oferta, lo que nos colocaría en una posición de intransigencia hacia ellos.

Es importante mantenerse firme en las propuestas clave, y no comprometerse a nada que no se pueda cumplir o que no sea necesario aportar.

Hay que ser respetuoso y no interrumpir la intervención de la otra parte, ni rechazar ninguna propuesta hasta que sea presentada en su globalidad.

Si hay alguna propuesta lejos de nuestras aspiraciones iniciales, es mejor no ceder y permanecer posicionado en la propuesta presentada inicialmente. Es preferible que recule el interlocutor y no nosotros, pues es negativo dar marcha atrás y retroceder a los pasos anteriores.

Ofrecer toda la información de valor en la presentación evitará que el interlocutor tenga que preguntarla posteriormente. Saber reconocer qué le interesa cono-

En el caso de China, el precio que se da inicialmente siempre requerirá una última mejora, fruto de la labor que ha realizado la persona que lo pide a favor de su empresa. Tiene relación con el reconocimiento del mérito de la otra parte. Por ello, siempre hay que guardarse un descuento, por pequeño que sea, para que el responsable de compras, el director o el último que lo pida se lleve el mérito de una mejora adicional de las condiciones comerciales.

En el caso de Estados Unidos, ofrecer una buena oferta desde el primer momento es la clave para entrar en sus opciones, por lo que conviene arriesgar.

cer a la otra parte, qué es lo relevante y cuál es la incertidumbre que hay que resolver ayudará a conducir el diálogo de manera que nos favorezca en la negociación, ya que se resolverán dudas del interlocutor y conseguirá que su opinión sobre nosotros sea positiva.

Siempre hay que considerar distintas alternativas que permitan adaptarse a los requerimientos que vayan surgiendo.

5   Conflicto de intereses

La discusión de la propuesta lleva implícito un conflicto de intereses que se genera entre las partes. Para resolverlo, conviene seguir una serie de pasos:

- **Exponer las objeciones**

  Conviene proporcionar explicaciones amplias para resolver las discrepancias. Si estas persisten, se pueden ofrecer otras opciones compensatorias que solucionen o minimicen la posible frustración.

  Hay que estar alerta para reconocer las objeciones sin fundamento, ya que son falsos pretextos. Es preferible ignorarlas.

- **Buscar soluciones**

  De manera conjunta, se pueden revisar las oportunidades que surjan de acuerdo a las necesidades expuestas en la negociación. Esto genera un nuevo valor, porque las soluciones que se encuentren resolverán el conflicto de una manera nueva y posiblemente más apropiada.

- **Crear un ambiente positivo**
  Se puede generar un clima positivo de diversas maneras: aludir a experiencias de otros clientes, apreciar y valorar a la otra parte, mostrarle nuestro respeto, hacerla partícipe del problema y de la solución. De ese modo sentirá que forma equipo con nosotros.

- **Concesiones**
  En general, para el acercamiento de posiciones se emplean las técnicas de negociación relacionadas con las concesiones, que consisten en un intercambio de objetivos.

Cuando negocio plazos con un cliente con el que tengo muchas entregas pendientes, suelo ponerle en la tesitura de priorizar aquello que tanto le urge sobre su propia cartera de pedidos, de manera que no impacte negativamente en la carga de trabajo que dispongo con otros clientes. Es como un intercambio de cromos. Si necesita que adelante este proyecto, le tendré que atrasar otro. Es una delegación en el interlocutor de la toma de ciertas decisiones que tomaría el planificador de la fábrica.

- **Técnicas para avanzar en la negociación**
  Existen diversos métodos para progresar en la negociación y evitar que se quede estancada:

  - Plantear un equilibrio a través del intercambio de necesidades, indicando las prioridades.
  - Generar compromisos parciales por ambas partes.
  - Exigir de manera firme objetivos secundarios para cederlos posteriormente a cambio de otros prioritarios a medida que avance la negociación.
  - Modificar el objeto de la negociación, los objetivos planteados, o el alcance a obtener.
  - Replantear el problema.
  - Dividir el conjunto de la negociación en partes más pequeñas e independientes, para tratarlas por separado.

  Desglosar la oferta puede resultar útil para evitar que un costo total parezca excesivo. En ocasiones, es muy rentable dividir la cotización excluyendo aquello que se cree que se conseguirá fácilmente por otros medios, de modo que se refleje aquello en lo que somos fuertes.

  - Elaborar un listado y cuantificar los costos en juego por cada parte.
  - Estudiar conjuntamente las ventajas y la utilidad de cada opción.
  - Revisar las preferencias de cada parte.
  - Analizar la velocidad de la negociación.

EJEMPLO

Hay una teoría llamada «Teoría de las 4 marchas» que se inicia con una primera propuesta que conlleva una oferta ridícula, luego se propone algo favorable para la otra parte que consiga llamar su atención y que solo aceptaríamos en caso extremo, para luego desestabilizar esta oferta tan tentadora, presentando lo que es ideal para uno mismo y que la otra parte rechazará, con el fin de llegar a una opción aceptable para todos.

6   El cierre

El cierre finaliza la negociación. Se llega a esta fase cuando una de las partes así lo indica, bien porque cree que ya se han satisfecho las necesidades de su interlocutor, y este ha aceptado las propuestas presentadas, o bien porque desee finalizarla y lo exprese abiertamente.

En general, cuando una parte indica que la negociación llega a su fin sin que la otra haya satisfecho sus intereses, suele ofrecerle otras opciones, una oferta con plazo de validez para generar urgencia en la toma de la decisión, o le muestra las ventajas del posible acuerdo para invitarle a la reflexión.

Normalmente, cuando se termina de negociar, se suele creer que la otra parte ya está al límite de su capacidad negociadora. Si no fuera así, se intentaría conseguir algo más, como una última concesión.

Ambas partes suelen creer que la otra respetará todo lo acordado, sin embargo, conviene recapitular y poner por escrito todas las propuestas generadas y los compromisos adquiridos, sin obviar ninguna de las condiciones expuestas. Esto permite formalizar el acuerdo, y hacer una lectura conjunta para que ambas partes corroboren lo pactado.

Aunque el precio es un elemento importante, es necesario tener en cuenta que en una negociación hay otros factores que pueden desviar la dirección de la decisión final.

Si el costo del fallo de un producto puede generar un problema tan grave que ponga en riesgo vidas humanas, primará por encima del precio el nivel de calidad y la garantía. Por eso, en numerosos proyectos, los ingenieros prescriben qué elementos de seguridad se han de emplear. En estos casos, los competidores serán empresas con un producto muy similar.

Otras veces, la decisión deriva de la estrategia que subyace en el fondo, para conseguir un posicionamiento de marca o de imagen, por ejemplo.

A veces, hay motivaciones personales más importantes que el precio. Quizá no se quiera tratar con alguien con quien la comunicación no fluye, aunque su producto sea muy bueno. O se pueden vetar ciertos elementos, componentes u origen de las mercancías sistemáticamente por convicciones personales.

Aunque no se llegue al acuerdo, es muy importante ser respetuoso, porque quizá no es un abandono total de la negociación de manera irreversible, sino simplemente una pausa para analizar con mayor profundidad las ventajas y las desventajas.

Siempre, independientemente del resultado del acuerdo, hay que hacer un análisis del mismo, y un resumen de las actuaciones que se considera que han dado buen resultado, y qué se ha aprendido de aquellas fallidas.

Otro elemento tan importante como el precio es la efectividad del producto, es decir, su rendimiento. Cuando trabajé como directora de exportaciones en el sector de aire acondicionado y ventilación, realicé numerosas pruebas del rendimiento de los equipos y el ahorro energético que suponían. Mientras que equipos de fabricantes europeos estaban por encima del 80 o 90 % de rendimiento, los fabricantes locales estaban por debajo del 50 o 60 %. La diferencia era notable. En Europa hay normativas de eficiencia energética que impiden la fabricación y distribución de equipos de bajo rendimiento, pero no es así en otros lugares.

Aunque el cálculo mostraba claramente que a lo largo de cinco años, el coste del equipo europeo más el coste energético en ese tiempo era menor que el coste del equipo fabricado localmente más su consumo eléctrico en el mismo tiempo, no importaba. La razón es que quien compraba el equipo era una empresa y no el usuario final, y no tenía en cuenta el consumo futuro que fuera a tener en la vivienda, oficina, etc.

Capítulo 13
Empatía internacional

La colaboración surge cuando se elude la confrontación y se buscan los vínculos de unión. En la negociación hay que tener en cuenta el factor humano, ya que cada persona es y se comporta de manera diferente, con virtudes, defectos y habilidades individuales. La diversidad es una fuente de creatividad, ya que combina diferentes talentos multidisciplinares. Si se emplean buenas formas y se escucha respetuosamente, se propicia el entendimiento con aquellos que no opinan del mismo modo y se crean lazos que sirven de puente.

Es importante mantenerse firme ante caracteres fuertes o actitudes irrespetuosas, siendo fiel a uno mismo, y respetando los propios principios morales. Ya que de ese modo se mostrará a los demás una imagen realista y se conseguirá satisfacción personal.

Hay que valorar el éxito de los otros cuando se basa en el esfuerzo, para aprender de ellos y estudiar su método de trabajo, sus hábitos o procesos de mejora, y averiguar cómo y cuándo han actuado para conseguir ese margen adicional que marca la diferencia. Un correcto análisis del contexto ayuda a comprender el camino del éxito en los otros.

Si la otra parte está de nuestro lado, conviene conservar esa relación, ya que puede ser el aliado perfecto con quien compartir conocimiento, trabajo y horizonte.

Mostrar empatía y comprender el factor humano, es clave para una buena negociación y para afianzar y reforzar las relaciones comerciales.

1   Escucha activa

Es muy importante prestar atención y mostrar a la otra parte que se la está entendiendo. Por ello, es recomendable dar muestras gestuales de que se comprende tanto el mensaje, reformulando algunas proposiciones si fuera necesario, como las emociones y los sentimientos que subyacen en el discurso. Esto, que se conoce como escucha activa, propicia la concentración y la comprensión del mensaje. A pesar de todo, esto no implica que se esté de acuerdo con la otra parte, sino que se ha entendido de manera global la circunstancia completa.

Con la escucha activa se interiorizan las razones del interlocutor, lo que permite reformularlas, así como entender las consecuencias potenciales derivadas de lo que se expone y las preocupaciones asociadas. Es decir, se crea un clima de confianza y de comprensión porque se empatiza con la otra parte.

Sentirse ignorado o menospreciado por otra cultura es un signo de no percibir que la otra parte ha entendido el discurso. Ponerse en la piel del otro es la única forma de poder determinar sus expectativas y necesidades, y solo conociéndolas se estará en disposición de satisfacerlas.

2   Verbalización y diálogo

El diálogo permite el entendimiento a través del intercambio de opiniones, y es el modo más adecuado para comunicar situaciones complejas. Consiste en verbalizar las necesidades de manera estructurada y, en la negociación, requiere de un alto grado de madurez personal y profesional.

EJEMPLO

Los comerciales italianos son reconocidamente buenos para conseguir cifra de ventas de productos de gama alta. Su modo de seducir en la presentación de los productos no tiene parangón. No hay más que ir al cuadrilátero de la moda en Milán para darse cuenta de lo que un buen diseño y una buena imagen generan como escenario de apoyo, pero hablen con uno de los comerciales y verán, qué estilo tienen, qué poder de seducirnos, cómo son capaces de hacernos sentir que su producto es el único. Los italianos saben convertir un producto de calidad media-alta en algo sublime, exquisito, selecto. Su verbalización deja claro que es para el mejor gourmet. ¿Cómo no rendirse ante su oferta?

Un diálogo fluido y sin coacción ayudará a compartir toda la información necesaria para comprender el escenario de la otra parte y saber en qué se puede colaborar con ella.

La persuasión puede ser la clave para convencer a una persona, por lo que el don de palabra siempre es útil en la negociación. Describir un producto y sus características positivas de manera agradable y elocuente ayuda a captar la atención del otro.

3 Diplomacia

La diplomacia es la habilidad de conducir las relaciones con sentido común, inteligencia y tacto, para llegar, mediante la negociación, a la mejora de las partes implicadas.

En situaciones puntuales, de incertidumbre o de tensión, lo más diplomático es el silencio, ya que indica atención y permite que el interlocutor complete su discurso permitiéndole calmarse si está nervioso. Además, evita que se responda de manera defensiva y con agresividad, lo que desequilibraría el buen hacer anterior.

EJEMPLO

Cuando se recibe una reclamación, es esencial negociar el importe de la penalización económica. Con todo, mostrando respeto y empatía se puede llegar a rebajar el costo económico y eludir una posible penalización bien asumiendo

Capítulo 14
Negociación específica para cada cultura y mercado

Para una negociación exitosa es necesario conocerse a uno mismo y poder ver las cosas desde el punto de vista del interlocutor.

En el ámbito internacional, las diferencias culturales pueden complicar el curso de las negociaciones, impidiendo llegar a un acuerdo satisfactorio debido a problemas de entendimiento, mala comunicación o falta de confianza.

Hay diferencias culturales especialmente difíciles de evitar, sobre todo si no se sabe cómo son los interlocutores, de dónde proceden, o qué valores y prejuicios tienen.

Para evitar el desconocimiento de las distintas formas de negociar, y poder anticiparse, es importante conocer las líneas generales de negociación de los principales bloques culturales.

Caso práctico

El etnocentrismo es una de las causas principales de divergencias en la negociación, ya que fomenta el desconocimiento de otras culturas debido a la creencia de la superioridad de la cultura propia sobre cualquier otra.

Hace un tiempo recibí en las instalaciones de nuestra empresa a unos visitantes que provenían de una compañía china. Eran clientes potenciales y queríamos conseguir que nos adjudicaran un gran proyecto, aunque iba a ser difícil porque ya estaba prácticamente asignado a la competencia. Venían acompañados del responsable de nuestra oficina comercial en China, que actuaba de traductor y esperaba poder hacerles cambiar de opinión.

Provenían de Wuhan, así que en un intento de interesarme por su ciudad le pregunté en inglés a la única mujer del grupo si Wuhan era una ciudad muy grande.

Ella, con un tono áspero, inusual en los asiáticos, me preguntó cuántos habitantes tenía Madrid. Le contesté que algo más de tres millones de habitantes. Ella me miró en silencio. Creí que no me había entendido, pero finalmente me preguntó si yo esperaba que ella conociera Madrid, por ser capital de España y una ciudad europea importante. No sabiendo muy bien qué contestar, dije que me alegraba de que conociera Madrid. Entonces añadió que Wuhan tenía cerca de diez millones de habitantes y que en extensión debía de ser el triple que Madrid, pero a pesar de eso temía que yo no sabría localizarla en el mapa.

Inintencionadamente, había protagonizado una muestra de etnocentrismo. Pues desconocía dónde estaba Wuhan y otras características relevantes de la ciudad.

Además, me reprochó el hecho de que le hablara en inglés; tratándose de un proyecto de varios millones de euros debería poder hablarle en chino. Le contesté que por ese motivo nuestra oficina comercial había enviado al responsable máximo. Entre otros cuestionamientos, este incidente me impulsó a estudiar ese idioma.

1   Cultura anglosajona

Generalmente, los anglosajones son empresarios pragmáticos. Miran el problema de frente y afrontan los encuentros de manera directa. Suelen acabar rápido las negociaciones.

Son muy puntuales, tanto en el inicio como en la finalización de las reuniones. Les gusta tratar los temas de manera ordenada y dejándolos zanjados. Requieren, por lo tanto, de una agenda fiable con la que guiarse.

Prefieren que el resumen de la información clave *(abstract)* esté en la primera página, y que el resto de los datos se desarrolle en las páginas posteriores, de modo que leyendo las páginas iniciales se tenga una perspectiva completa de lo que se va a tratar. Si se les prepara algún informe, es bueno tenerlo en cuenta y evitar desarrollar todo el contenido para terminar en unas conclusiones.

Tienen un sentido jerárquico bastante igualitario. No hablan de usted al líder y emplean fórmulas familiares para dirigirse entre ellos, usando diminutivos del nombre, por ejemplo, y no emplean tratamientos cordiales como «señor» si conocen a la persona. Sin embargo, guardan ciertas distancias en el saludo o en el tono de su voz, y moderan la velocidad de su discurso.

En cuanto a la toma de decisiones, son bastante independientes, y mantienen un criterio individual. En general toman las decisiones de grupo de acuerdo a la opinión de la mayoría, sin necesidad de consenso absoluto. Para ellos el carisma es una virtud clave.

En general, su decisión se centra en alcanzar objetivos que cumplan con unos rangos que establecen como mínimos. Acostumbran a tener un plan B casi siempre, y contraargumentos cuantitativos o cualitativos a las propuestas de la otra parte.

Dentro del mundo anglosajón, no es lo mismo negociar con Estados Unidos que con Australia o con Reino Unido. Su familiaridad y colaboracionismo van, en este orden, de mayor a menor. Sudáfrica guarda también una reminiscencia anglosajona, pero la toma de decisiones viene muy marcada por los años de autoconsumo que hicieron que se desarrollaran muchos fabricantes locales.

Los británicos son muy educados. Tienen tacto para decir las cosas, pero no hay que olvidar que, independientemente de las formas, sacan a la luz su propósito, y dejan las cosas claras. Además, desligan completamente lo personal de lo profesional. En una ocasión salí con un compañero de mi oficina comercial en Reino Unido a tomar una cerveza amigablemente, y al día siguiente me dejó en evidencia delante de la dirección general del grupo. Para ellos, el aspecto privado no interfiere en el ámbito profesional.

Los asiáticos valoran mucho las relaciones personales como ejes para la resolución de problemas, quizá porque los sistemas oficiales que han vivido históricamente no siempre han funcionado como elementos mediadores.

Les gusta conocer el perfil de las personas con las que van a negociar, por lo que suelen informarse sobre el interlocutor antes del encuentro, respecto a los productos que vayan a comprar o vender y sobre la historia de la empresa de la contraparte.

Necesitan espacio personal, por lo que habrá que respetar sus tiempos y ser perseverante para que las relaciones y las ofertas se consoliden. Solo así se podrá satisfacer su nivel de exigencia.

Suelen tomar las decisiones por consenso. Les genera confianza que un intermediario presente a la otra parte, por lo que una red de contactos comunes puede ser clave para avanzar en la relación comercial. A veces, un socio local es la única vía para acceder a ellos.

Es importante respetar la figura de la autoridad y reverenciarla siempre que sea posible, ya que sus sociedades están altamente jerarquizadas, y el respeto al líder es inquebrantable.

El orgullo es una de las virtudes más valoradas. Hay que evitar acorralarles, dejándoles siempre una vía de escape. Esto evitará que se puedan sentir inútiles, pues no gestionan bien el fracaso debido a que el honor es una virtud muy importante. Necesitan sentir que participan del éxito, por lo que habría que dejar que se apropien de logros a título personal.

En las negociaciones de planificación de la demanda que mantengo con las oficinas de China, es sorprendente cómo disponen ordenadamente de todas las comunicaciones de fechas que les he ido planteando durante meses, y conocen al detalle los retrasos comunicados, tanto en cantidad como en frecuencia. Son rigurosos y grandes demandantes.

Otro aspecto sorprendente es la frialdad para hablar de miles de euros de penalización por un retraso en la entrega, pero que negocien durante días el costo del transporte con el fin de ahorrar pocos cientos de euros, con el riesgo de no reservar los equipos a tiempo y perder un embarque. Al final, su actitud es una táctica de presión infalible para conseguir ese descuento adicional.

Aunque no dispongan habitualmente de un plan B, aparentarán tenerlo, exigiendo siempre un último descuento. Se muestran difíciles de satisfacer. Es posible que exijan rebajas en áreas pequeñas, cuando hay en juego costos mucho mayores que discutir. No hay que infravalorar sus peticiones, porque comparten información sensible en pocas ocasiones, y es difícil prever cuál es su interés principal.

Son precisos, guardan toda la trazabilidad de comunicaciones y compromisos adquiridos, y realizan tablas resumen de los análisis realizados, presentando su propuesta como única opción viable. Son muy deductivos en sus razonamientos.

Valoran los regalos, porque consideran que los presentes crean cierto tipo de deber. Les gusta pensar en el largo plazo, lo que permite crear lazos duraderos. Muestran respeto por la persona y se interesan por sus familias.

3   Cultura latina

Los países latinos valoran altamente las relaciones personales, involucrando generalmente lo personal con lo profesional.

Acostumbran a improvisar, por lo que con frecuencia no se respetan de manera escrupulosa las agendas. La reunión de trabajo no termina en la oficina, sino que se discute en las comidas y en otros encuentros informales.

Caso práctico

Estuve en algunos encuentros empresariales en Rumanía. Allí encontré distribuidores de grandes grupos o filiales, lo que aparentemente les restaba decisión de compra. Sin embargo, todos fueron fieles a la hora de transmitir su agrado a las centrales y trabajar por impulsar que les permitieran, al menos localmente, comprar mi producto. Alguno incluso presionó para que la central cambiara de proveedor. Gracias a esto, acabé vendiendo a la central de su grupo en Bélgica.

A veces, los procesos importadores en Sudamérica se complican. Por ejemplo, en Brasil, donde los trámites en la aduana son difíciles e implican altos costos debido a las políticas proteccionistas de apoyo a los fabricantes locales. Por ello, hay que tener cuidado con las marcas, la cesiones de derecho o las patentes. Estos mercados, pueden comprar tecnología, estudiarla y empezar a producir el producto por sus propios medios.

En unas negociaciones en Colombia encontré personas muy preparadas, con un discurso muy positivo y con magnificas señales de interés de compra. Me recibía la dirección general, altamente cualificada y con un elevado conocimiento del mercado, de los índices de precios y de la competencia. Su intención, principalmente, era conseguir mi mejor oferta, con el fin de tener más referentes de precios con los que forzar a sus proveedores habituales.

En estos casos se pueden hacer ofertas como proponer que se puede rebajar el plazo si hay una simplificación de diseño, o bien que se puede rebajar el precio, tras un pedido inicial en el que comprueben la idoneidad del material y con unas cuantías mínimas por pedido. Si dan de alta un a proveedor o se hacen con el stock de un producto nuevo, su interés de compra empieza a consolidarse. Así traté de forzarles y resultó.

A veces, algunos países latinos son sede de grandes corporaciones internacionales. Hay que estar seguros de que tienen realmente poder de compra, y de que este no está centralizado en otros países.

Para los latinos, la jerarquía es importante, y en general las decisiones las toma el líder tomándose bastante tiempo para decidir.

4 Cultura árabe

Los países árabes se basan también en las relaciones personales. Para ellos, la empresa puede ser su familia. Clientes marroquíes comentan que su empresa puede financiar la compra de su casa, como si se tratara de un familiar que les presta el dinero. Sin embargo, con frecuencia reclaman la exclusividad, como compromiso para una relación duradera. El honor y la fidelidad son valores muy importantes.

Toda la organización se esfuerza por dar una recepción digna y calurosa al visitante. Es importante visitar las instalaciones, recorrer las oficinas, acudir incluso a los baños. Lo que tienen dispuesto para las visitas es normalmente muy visual (un gran despacho, mobiliario en madera, suelos lujosos, etc.), pero es importante comprobar qué hay detrás. Si dicen ser una gran empresa, es preciso visitarles y verificarlo.

Si se negocia con países árabes, se debe salvaguardar un porcentaje de margen disponible para el regateo.

Las negociaciones pueden resultar caóticas, ya que modifican constantemente las informaciones que transmiten. Es necesario ser flexible a los cambios y ser capaces de improvisar rápidamente. Pueden ser muy ágiles para tomar una decisión y es necesario estar abiertos para adaptarse al nuevo escenario.

También es útil negociar por bloques para evitar el desorden, negociando primero el precio, el plazo, y finalmente las condiciones.

Generalmente no llevan trazabilidad de las informaciones, por lo que es interesante llevarla por ellos. Mantener una postura rígida e impasible no es habitual en estos países, porque consideran que el mundo es cambiante, así como sus opiniones. Sin embargo, si perciben cierto control, no ejercerán tanta presión. En cualquier caso, es conveniente mantener un control y orden para conseguir un resultado satisfactorio.

Cuando he negociado en Egipto, muchas veces me han propuesto reunirnos en mi hotel. Esto puede resultar cómodo, porque permite gestionar más reuniones en menos tiempo. Además, si el hotel es lujoso da buena imagen, pero al final es contraproducente porque no se chequean sus instalaciones. Es preferible asistir a las reuniones en las instalaciones del cliente.

• Encuentro empresarial en Estados Unidos

– *Entorno cultural*

En Estados Unidos se trabaja con un enfoque universalista, basando las decisiones en argumentos profesionales y racionales.

Impera el individualismo empresarial, lo que permite tomar decisiones rápidamente, en parte porque la persona que negocia dispone de la suficiente autonomía y confianza de su compañía para el cierre de operaciones comerciales. Su horizonte temporal es a corto plazo. Por ello, las reuniones pueden parecer agresivas y el negociador impaciente o manipulador.

– *Preparación de la reunión*

En Estados Unidos el tiempo se interpreta linealmente, como una secuencia ordenada de acciones. Por ello, será necesario el envío previo de un programa pactado (con horarios, pausas para café o comida y actividades detalladas).

Habrá que tener en cuenta que la agenda deberá seguirse con puntualidad, tratando de manera conjunta los acuerdos pactados y los objetivos alcanzados.

Cualquier dato que se presente en la reunión debe de estar perfectamente documentado, y los métodos de cálculo y fuentes de interés, definidos.

- **Encuentro empresarial en Japón**

  - *Entorno cultural*

    En Japón se trabaja basando las decisiones no solo en argumentos profesionales, sino también en el conocimiento personal de los interlocutores y en la confianza que se trasmiten.

    Impera en la negociación el sentimiento de comunidad y el seguimiento estricto del orden jerárquico.

    Las negociaciones son muy lentas hasta el cierre de acuerdos.

    Se exige una ética profesional impecable, gestando relaciones sólidas a largo plazo.

    Los japoneses están orgullosos de sus tradiciones y son muy respetuosos en su trato personal.

  - *Preparación de la reunión*

    Los japoneses son neutros en su expresividad para la negociación, por lo que es mejor ceñirse a los datos y disponer de toda la información documentada.

    Habrá que respetar su espacio físico, y disponer de amplias salas de reunión, donde el silencio es fundamental, así como evitar multitudes.

    Para el saludo es necesario conocer sus rituales y el rango de los interlocutores, para dar las muestras de consideración en función de su jerarquía.

    Habrá que adaptarse a sus silencios y negociar lentamente siguiendo sus ritmos.

    Cualquier actividad deberá estar organizada y ubicada en la agenda prevista.

Capítulo 15

Tecnologías de la información y la comunicación (TIC)

Estas tecnologías abren un campo muy amplio para desarrollar las relaciones comerciales, con nuevos formatos que facilitan la negociación y el entendimiento con empresas de otros países. Se presentan a continuación algunas de las herramientas más útiles, y se explica cómo han modificado las negociaciones internacionales.

1   Internet y redes sociales

Internet ha supuesto una revolución en la forma de entender las relaciones personales y profesionales. Las empresas luchan por diferenciarse en un mundo cada día más competitivo, donde se premia la inmediatez, y que permite un mayor nivel de satisfacción respecto a épocas anteriores. Ser capaces de atender a la nueva forma de expresión de las necesidades de las empresas es la vía para lograr el éxito en cualquier negociación.

A continuación se exponen algunas de las ventajas de internet y de las nuevas tecnologías:

- El correo electrónico, bien gestionado, permite una comunicación poco intrusiva.
- Las redes sociales facilitan una comunicación rápida con cualquier parte del mundo, uniendo foros de opinión, sectores, grupos, asociaciones, etc.
- La página web es la carta de presentación imprescindible para las empresas, ya que presenta su actividad, ofrece datos de contacto y ayuda a la localización mediante búsqueda de sectores, o palabras claves.

En un mundo globalizado, el trato personalizado es un factor clave, por lo que conocer la diversidad cultural y estudiar cómo acceder a cada mercado en particular, es una ventaja competitiva para abrir la puerta a nuevos clientes o proveedores.

2   Plataformas de comunicación y entornos colaborativos

Existen plataformas de comunicación y entornos colaborativos (como *Skype* o *Turbomeeting*, por ejemplo) que permiten un contacto directo e inmediato con clientes, socios, proveedores o compañeros, y su costo es prácticamente nulo.

Su ventaja principal es que proporcionan un buen sonido telefónico y una imagen instantánea de interlocutores situados en distintas ubicaciones en tiempo real, permitiendo compartir archivos e intercambiar mensajes electrónicos.

Compartir la pantalla (con la precaución de no mostrar información sensible) y chatear es indispensable cuando el idioma común no se habla correctamente. Estos entornos permiten la visualización de planos, cifras, esquemas y otros materiales visuales.

Ya no es necesario visitar a un cliente para tener una relación continuada con él. Hoy en día las empresas, locales o multinacionales, utilizan estas plataformas para hacer reuniones de trabajo en línea. Las oficinas comerciales, recurren a dichos entornos para hablar con las fábricas o con sus matrices, por lo que el presupuesto destinado a reuniones de división, de área o de seguimiento se ha reducido drásticamente.

3   Otras herramientas

Otras formas de comunicación electrónica sumamente útiles en las negociaciones son los correos electrónicos, los foros en la intranet, las redes sociales y las teleconferencias.

En estos entornos, tener buenas prácticas de comunicación en la red (conocidas como *netiqueta)*, es decir, seguir un protocolo similar al que se sigue en los encuentros físicos, resulta indispensable. Esto puede parecer inicialmente difícil, pero solo requiere un poco de práctica.

4   Recomendaciones para el uso de las TIC

Hay una serie de puntos que es importante seguir en los encuentros en línea:

- Ser puntuales en la conexión. En muchas ocasiones, una reunión conlleva preparar salas y conexiones con anterioridad, por lo que hay que prever el tiempo necesario.
- Evitar ruidos de fondo. Los auriculares son una buena opción, así como un altavoz con la mejor calidad de sonido.
- Seguir una agenda compartida para que la reunión fluya fácilmente.
- Guardar el turno de palabra y presentarse en las intervenciones, agradeciendo al final la participación y la organización.

La *netiqueta* o protocolo de comportamiento en entornos digitales, implica una serie de acciones:

- Ser sumamente respetuosos y evitar imperativos. Es conveniente deducir cuándo es adecuado enviar los correos electrónicos (evitando, por ejemplo, días festivos), y no poner en copia a destinatarios innecesariamente, respetando siempre las medidas de confidencialidad.
- Ser conscientes de la presencia de todos los participantes, permitirles hablar, pedirles su conformidad y comprobar que su conexión está funcionando en todo momento.
- Ser conscientes de que lo todo aquello que se diga por escrito es vinculante.
- Hay que tener cuidado con los derechos de autor y la protección de datos.

- En los correos electrónicos, hay que escribir como asunto una descripción sencilla y localizable, que facilite la trazabilidad.
- Los textos deben ser claros y coherentes con el asunto. Es mejor usar un nuevo párrafo para separar el texto por contenidos. Además, hay que procurar ser breve y no extenderse más de lo estrictamente necesario.
- Hay que cuidar la ortografía y la gramática, pues los errores dan una imagen de bajo nivel formativo y escasa profesionalidad. Hay que asegurarse de que las nomenclaturas son comprensibles. Por eso es importante revisar el texto cuantas veces sea necesario antes de enviarlo.
- Evitar el uso innecesario de las mayúsculas, ya que es incorrecto y dificulta la lectura.
- Hay que poner atención al escribir los nombres propios para evitar errores, especialmente si se trata de idiomas que desconocemos.
- Procurar que los correo electrónicos sean lo más profesionales posible, evitando bromas y nunca entrando en discusiones personales.

Capítulo 16
Elementos clave para la negociación y errores recurrentes

Como conclusión de los capítulos anteriores, podemos concluir que existen unos factores clave para realizar una negociación fructífera en la que se consigan los mejores resultados. Estos factores o elementos también ayudarán al negociador a sentirse cómodo y a optimizar sus recursos, tanto los personales como los materiales.

- **Estrategia negociadora**
  Antes de negociar se debe haber preparado una estrategia clara y definida, teniendo en cuenta los intereses propios y los que se estima que puede tener la otra parte.

- **Técnicas de comunicación y negociación**
  Es importante acudir a negociar con una presentación clara de los argumentos, practicando la escucha activa y prestando atención a lo que la otra parte exponga, respondiendo con propuestas adecuadas al contexto de la otra parte.

- **Establecer buenas relaciones personales**
  Hay que tratar de generar un clima de confianza y cooperación, respetando y valorando a la contraparte.

- **Actitud negociadora**

  Ha de ser una actitud analítica para identificar, generar opciones y comprender su alcance. No obstante, también ha de ser creativa, para la búsqueda de nuevas soluciones, y emprendedora, para tomar ciertos riesgos previamente evaluados.

- **Tratamiento documental**

  Hay que ser rigurosos con la información y elaborar la que sea adecuada para cada ocasión. Por ejemplo: fichas de empresa, de país, actas de cada reunión en la que se realicen acuerdos vinculantes, informes internos de cada negociación con las lecciones aprendidas, etc.

  Conviene ubicar estos documentos (así como los contratos y sus actualizaciones) en carpetas localizables, para recuperarlos cuando sea necesario y poder actualizarlos de manera sencilla con sus últimas versiones.

Los errores habituales surgen debido a no haber tenido en cuenta los puntos clave anteriores. Estos se pueden resumir en los siguientes:

- Ausencia de estrategia. No tener objetivos claros ni haber establecido las tácticas que se van a emplear.
- Mala preparación de las fases de la negociación.
- Búsqueda de una única solución, siendo rígidos en una posición, sin tratar de buscar otros puntos de encuentro.
- Preocuparse únicamente de los propios intereses.

- Mostrarse hostil o irrespetuoso con las formas de la otra parte, con su cultura o su idiosincrasia, descuidando la relación personal y la dimensional humana. Si no se controla emocionalmente la situación, puede darse un resultado negativo.

- Hacer concesiones gratuitas. Las concesiones deben responder a un motivo lógico y ser correspondidas o, cuando menos, ser tenidas en cuenta como esfuerzos de una de las partes.

Agradecimientos

Esta guía de negociación internacional viene tras dos proyectos editoriales previos que han ayudado a compilar en distintos bloques mis experiencias profesionales internacionales de los últimos quince años. Agradezco al equipo editorial de Marge Books esta nueva oportunidad de cubrir el área de la negociación con un nuevo proyecto, relacionado con mi experiencia diaria en el campo internacional.

Agradezco a todos los compañeros con los que cada día trabajo codo con codo y que me ayudan a ser mejor profesional.

Gracias a COXGOMYL, por darme actualmente la oportunidad de negociar con profesionales de los cinco continentes, y en especial a Flor Neira *(Group General Manager Operations and Engineering)* por contar conmigo en su equipo. Gracias a las empresas en las que tuve la suerte anteriormente de desarrollar trabajos interesantísimos, tanto en la dirección de exportación y en la de logística internacional, como en otras áreas que me permitieron asistir a clientes en distintos países, y de coordinar equipos de proyecto internacionales. En todos ellos he aprendido a comprender a otras culturas, a comunicarme con ellas, y a saber negociar llegando a acuerdos sostenibles para todos.

Gracias a todos los clientes y proveedores con los que he tratado, porque me han enseñado la importancia de la relación comercial. Gracias especialmente a los que me hicieron ver el peso de la parte humana y el respeto a la profesionalidad.

Gracias a César del Castillo por confiar en mí para su claustro en ICIL. A todos los profesionales y alumnos a los que doy clase, porque me hacen crecer como docente.

Por último, y lo más importante, gracias a mi familia por quererme y estar siempre a mi lado. Toda mi felicidad y lo que consigo profesionalmente se lo debo a ellos, por su apoyo y cariño. Gracias Alberto, Diego, Álvaro y Jorge.

Colección: Gestiona
Director: David Soler

Guía de negociación para el comercio internacional
1.ª edición, 2016
© Cristina Peña Andrés
© de esta edición, incluido el diseño de la cubierta, ICG Marge, SL
© fotografía de la cubierta: Shutterstock, Pakmor

Edita: Marge Books
Avda. Alcalde Moix, 28 - 08207 Sabadell (Barcelona)
Tel. 931 429 486 - marge@margebooks.com
www.margebooks.com

Gestión editorial: Hèctor Soler
Edición: Alba Megías, Cristina Torres
Compaginación: Mercedes Lara
Impresión: Servicecom (Alcalá de Henares, Madrid)

ISBN: 978-84-16171-18-7
Depósito Legal: B.23811-2016

El papel empleado en este libro no ha sido blanqueado con cloro elemental (Cl_2).